P. K. Pandia

Impacto da desmonetização na Índia

P. K. Pandia

Impacto da desmonetização na Índia

Imprint

Any brand names and product names mentioned in this book are subject to trademark, brand or patent protection and are trademarks or registered trademarks of their respective holders. The use of brand names, product names, common names, trade names, product descriptions etc. even without a particular marking in this work is in no way to be construed to mean that such names may be regarded as unrestricted in respect of trademark and brand protection legislation and could thus be used by anyone.

Cover image: www.ingimage.com

This book is a translation from the original published under ISBN 978-620-2-02354-2.

Publisher:
Sciencia Scripts
is a trademark of
Dodo Books Indian Ocean Ltd. and OmniScriptum S.R.L publishing group

120 High Road, East Finchley, London, N2 9ED, United Kingdom
Str. Armeneasca 28/1, office 1, Chisinau MD-2012, Republic of Moldova, Europe
Printed at: see last page
ISBN: 978-620-7-77853-9

A desmonetização é o processo pelo qual uma determinada forma de moeda é retirada de circulação. É sempre necessário quando a moeda de um país muda. Neste processo, a antiga unidade monetária deve ser retirada e simultaneamente substituída por uma nova unidade monetária. Durante a desmonetização, ou são introduzidas novas notas com o mesmo valor facial ou as notas antigas são completamente substituídas pelas novas notas.

O que é a desmonetização?

Se procurarmos o significado da palavra "desmonetização" no dicionário, significa um ato de privar (um metal) do seu estatuto de padrão monetário ou de o retirar da utilização como moeda. Por outras palavras, é um ato de privar uma unidade monetária do seu estatuto de curso legal. É o ato ou processo de proibir o estatuto legal de uma unidade monetária. Uma moeda tem a garantia do Governador do RBI em nome do Governo Central, o que lhe confere um estatuto legal. No momento em que o processo de desmonetização é iniciado, todas as moedas antigas que são desmonetizadas perdem o seu estatuto de curso legal. A partir desse momento, estas notas deixam de poder ser utilizadas como dinheiro para transacções e têm de ser substituídas por uma nova moeda.

Desmonetização na Índia

Na Índia, a desmonetização teve lugar três vezes. A primeira teve lugar em 22 de janeiro de 1946 (sábado), a segunda em 16 de janeiro de 1978 (segunda-feira) e a terceira em 8 de novembro de 2016 (terça-feira).

Há vários outros países que também tentaram a desmonetização, incluindo a Nigéria, o Gana, o Paquistão, o Zimbabué, a Coreia do Norte, a União Soviética, Myanmar, a Austrália, etc. A Índia pretendia alcançar um crescimento significativo com a estratégia de desmonetização e ter um enorme impacto positivo em toda a economia a longo prazo. Sob o domínio britânico, o governo introduziu a desmonetização das notas de 1.000 e 10.000 rúpias em janeiro de 1946.

Em 1954, o governo indiano, sob a direção de Nehru, introduziu novas notas de 1 000, 5 000 e 10 000 rupias. Em 16 de janeiro de 1978, o governo de coligação indiano liderado por Morarji Desai desmonetizou as notas de 1 000, 5 000 e 10 000 rupias para combater a contrafação e o dinheiro negro. De acordo com uma estimativa, a Índia é um dos países com maior volume de dinheiro em circulação, com mais de 12% do PIB, sendo que as notas de 500 e 1000 rupias representam 87% desse valor. Trata-se de uma prática mundial. Os bancos centrais de vários países continuam a injetar enormes quantidades de dinheiro na economia, sobretudo em denominações muito grandes. Para citar alguns exemplos: Na América, as notas de 100 dólares representam 80% do numerário e, no Japão, a nota de 10 000 ienes (cerca de 100 dólares) representa 90% do numerário total. A maior parte deste dinheiro mantém viva a economia paralela.

Última desmonetização na Índia

Em 8 de novembro de 2016, o Primeiro-Ministro indiano Narendra Modi tomou uma decisão histórica ao anunciar que as notas de 500 e 1000 rupias em circulação na altura deixariam de ter curso legal. Cancelou a circulação de todas as notas da série Mahatma Gandhi de 500 e 1000 rupias com efeitos a partir da meia-noite do mesmo dia e emitiu novas notas da série Mahatma Gandhi de 500 e 2000 rupias em troca das notas antigas.

A decisão do Governo de desmonetizar as notas de 500 rupias (7,40 USD) e de 1000 rupias (15 USD) da série Mahatma Gandhi, tornando-as ineficazes em termos de curso legal em todo o país, causou um alvoroço e uma agitação sem precedentes em todo o mundo. É de salientar que estas notas representam 86% do total do numerário existente no sistema. Após a divulgação da notícia, as redes sociais foram inundadas com notícias e informações de todos os tipos, desde a saudação da decisão até às profecias do dia do juízo final. Alguns dos afectados pela decisão começaram a contar o lixo que tinham vindo a acumular, legal ou ilegalmente, durante anos.

O país encheu-se de rumores de todo o género. Alguns compatriotas, que se julgavam suficientemente espertos, começaram a explorar a possibilidade de investir em ouro as suas moedas cada vez mais escassas. Na hora da crise, essas pessoas recorreram desesperadamente aos seus familiares e conhecidos. O governo indiano tinha estipulado que apenas 4000 rupias da antiga nota poderiam ser trocadas pela nova. Em consequência, formaram-se filas impossíveis de gerir em frente dos bancos e das caixas automáticas. Estas filas podiam ser vistas em todas as pequenas e grandes cidades. Durante vários dias, estas filas foram-se tornando cada vez mais longas e, por vezes, parecia que poderiam constituir uma ameaça grave para a ordem pública. O Governo tinha fixado o dia 30 de dezembro de 2016 como a data final para a conclusão de todo o processo. Os clientes podiam depositar o dinheiro antigo no valor de 25 milhões de rupias até 30 de dezembro. Por outras palavras, a desmonetização na Índia, anunciada em 8 de novembro de 2016, significou que o Banco Central da Índia aboliu as antigas notas de 500 e 1000 rupias como moeda oficial. Este facto privou uma unidade monetária do seu estatuto de curso legal. Numa jogada estratégica, o governo indiano declarou que as notas de quinhentas e mil rupias deixarão de ter curso legal a partir da meia-noite de 8 de novembro de 2016. O Banco Central da Índia emitiu notas de duas mil rupias e novas notas de quinhentas rupias. Estas notas foram postas em circulação a partir de 10 de novembro de 2016. As notas de cem, cinquenta, vinte, dez, cinco, duas e uma rupias continuaram a ter curso legal e não foram afectadas por esta decisão. Esta medida destinava-se a limpar o sistema económico formal e também a remover o dinheiro negro do sistema corrupto. De acordo com o Governo, a desmonetização foi efectuada para erradicar a economia paralela. Foi uma das principais medidas adoptadas pelo Governo indiano para fazer face a vários problemas, como o dinheiro negro, a moeda falsa, a corrupção, o terrorismo, etc.

Com a desmonetização, 86% da moeda indiana foi declarada inválida em 8 de novembro de 2016. A medida tinha por objetivo eliminar da economia o dinheiro do mercado negro e as notas falsas, convertendo-os em dinheiro válido, financiável e tributável. Para amortecer o impacto do súbito colapso económico, foi introduzido um período de 50 dias durante o qual as pessoas podiam trocar o seu dinheiro por notas de 500 e 2 000 rupias recentemente concebidas ou depositá-las em contas bancárias. A decisão desencadeou uma raiva e uma agitação generalizadas entre as famílias, mas houve também um sentimento de otimismo a favor da medida. O Governo afirmou que a medida iria travar a economia paralela e reprimir a utilização de dinheiro ilegal e falso para financiar actividades ilegais e o terrorismo.

No decurso da desmonetização, o Ministro das Finanças indiano, Arun Jaitley, declarou que a desmonetização iria transformar todo o sistema económico. Aumentaria a dimensão da economia e a base de receitas. Descreveu a desmonetização, juntamente com o futuro imposto sobre bens e serviços, como "uma tentativa de mudar os hábitos de consumo e os estilos de vida". Após o anúncio de Modi, o Governador do Banco da Reserva da Índia e o Secretário para os Assuntos Económicos disseram na conferência de imprensa que um dos objectivos da medida era combater o terrorismo financiado por notas falsas. Explicaram que a oferta de notas de todas as denominações aumentou 40% entre 2011 e 2016, enquanto as notas de 500 e 1.000 aumentaram 76% e 109%, respetivamente, devido à contrafação. Acrescentaram que o dinheiro falso estava a ser utilizado para financiar actividades terroristas contra a Índia e que a desmonetização foi utilizada para combater o terrorismo.

O anúncio abrupto e a persistente escassez de dinheiro nas semanas que se seguiram provocaram grandes perturbações em toda a economia e ameaçaram o desempenho económico. Os índices BSE SENSEX e NIFTY 50, bem como os índices de acções, caíram 6% no dia seguinte ao anúncio da desmonetização. Nos dias que se seguiram à desmonetização, o país enfrentou uma grave escassez de numerário, o que teve um impacto negativo em toda a economia. Os cidadãos que queriam trocar as suas notas tiveram de fazer longas filas de espera e, segundo consta, registaram-se várias mortes devido à pressa de trocar dinheiro. Inicialmente, a iniciativa foi apoiada por vários banqueiros e alguns comentadores internacionais. No entanto, por vezes, o sistema foi também criticado como mal planeado e injusto, tendo-se registado protestos, litígios e greves contra o Governo em vários locais da Índia. Os debates em ambas as câmaras do Parlamento registaram cenas muito acesas. Considerou-se que a medida tinha reduzido o PIB do país.

O objetivo desta iniciativa era combater a ameaça do dinheiro negro, a corrupção e a moeda falsa. Embora o entesouramento do dinheiro negro tenha sido bem acolhido pelos cidadãos, estes esperavam que o Governo indiano tivesse a boa intenção de o reduzir. Os partidos da oposição opuseram-se a esta medida por uma ou outra razão. Classificaram a decisão do Governo como uma lei draconiana e exortaram o Governo a retirá-la sem mais demora. O Governo foi fortemente criticado por esta decisão. No entanto, o Governo indiano também estava preparado para tomar medidas de retaliação. O Governo indiano alegou que não tinha outra alternativa senão tomar a decisão de proceder à desmonetização.

O governo citou várias razões para a desmonetização na Índia, incluindo as seguintes:

* Eliminação do dinheiro negro
* Impulsionar a economia sem numerário
* Livrar-se do dinheiro falso
* Abolição da corrupção
* Superar a inflação
* Uma mensagem clara para os terroristas e os Naxalitas

Dirigindo-se aos representantes dos meios de comunicação social, Urjit Patel, Governador do Banco da Reserva da Índia, e Shaktikanta Das, Secretário para os Assuntos Económicos, explicaram as razões desta medida. Disseram aos meios de comunicação social que, entre 2011 e 2016, a oferta de notas de todas as denominações tinha aumentado 40 por cento, enquanto a oferta de notas de 500 e 1000 rupias tinha aumentado 76 por cento e 109 por cento, respetivamente. Os deputados salientaram que o dinheiro falso estava a ser utilizado principalmente para financiar o terrorismo na Índia. Patel afirmou que a decisão tinha sido tomada há seis meses e que a impressão das novas notas já tinha começado.

Mecanismo da atual desmonetização na Índia

A desmonetização foi o mecanismo através do qual o governo declarou que estava a retirar o dinheiro que anteriormente tinha curso legal. Como o governo é soberano, podia tomar essa decisão. O anúncio significava que as notas em circulação deixavam de ter curso legal e só podiam ser trocadas nos bancos.

Hora do anúncio

O momento da desmonetização na Índia foi cuidadosamente planeado. Antes do anúncio, houve o cuidado de assegurar que o Pradhan Mantri Jan-DhanYojana (PMJDY) na Índia, o acesso dos cidadãos às contas bancárias, estivesse quase concluído. A desmonetização não teria sido bem sucedida se as famílias com baixos rendimentos ficassem sem conta bancária. O PMJDY permitiu-lhes aceder a contas bancárias gratuitas, que também podem ser utilizadas para remeter pagamentos do Estado. A necessidade de as pessoas honestas e íntegras acumularem dinheiro em colchões diminuiu, portanto. Esta iniciativa do Primeiro-Ministro seguiu-se também ao programa de divulgação de rendimentos, no âmbito do qual as pessoas podiam divulgar os seus activos adquiridos por diversos meios. Por conseguinte, era o momento certo para enviar o sinal correto para a repressão do dinheiro negro e da corrupção na Índia.

Medida radical
De facto, a recente desmonetização da Índia foi uma medida radical e sem precedentes, com custos a curto prazo e benefícios a longo prazo. No entanto, a crise de liquidez foi exagerada pelos meios de comunicação social na altura da desmonetização. Não foi tão grave como os meios de comunicação social afirmaram. A situação atenuou-se desde o final de dezembro de 2016. Uma série de medidas de acompanhamento, como uma remonetização rápida e orientada para a procura, reformas fiscais como o GST, a redução das taxas de imposto e dos impostos de selo, e uma atmosfera agradável poderiam reduzir os custos e otimizar os benefícios da desmonetização. A desmonetização deve provocar uma mudança de regime e deixar bem clara a determinação do governo, penalizando as actividades ilegais e a riqueza a elas associada. Com efeito, o imposto sobre todas as actividades ilegais que não tenham sido declaradas às autoridades fiscais deve ser aumentado de forma permanente e punitiva.

Caixas automáticos não funcionais
Na altura em que foi anunciada a desmonetização na Índia, o RBI não estava preparado para a situação. As novas notas eram mais pequenas do que as anteriores e, por conseguinte, não cabiam nas caixas automáticas. Nessa altura, existiam cerca de 2 20 000 caixas automáticas na Índia, equipadas com quatro cassetes de diferentes tamanhos, nas quais podiam ser introduzidas as notas de diferentes denominações. As novas notas de 500 e 2000 rupias emitidas após a desmonetização não tinham o tamanho normal das notas proibidas de 500 e 1000 rupias, embora devessem ser semelhantes. Consequentemente, 4,40,000 cassetes de ATM tiveram de ser imediatamente substituídas. Este facto agravou a situação e a nova moeda tornou-se menos disponível. No entanto, alguns ATM tiveram de ser recalibrados. Teria sido muito melhor planear o câmbio com antecedência. Assim, as pessoas teriam recebido o seu dinheiro a tempo.
Moeda desmonetizada
De acordo com os relatórios, mais de 150 milhões de crores do dinheiro debitado foram recebidos pelos bancos até 30 de dezembro de 2016. De acordo com a Bloomberg, mais de 97% do dinheiro proibido foi depositado nos bancos sob a forma de notas de 1000 e 500 rupias. No entanto, o RBI não divulgou o valor oficial.
Expectativas e realidade do governo
Quando o governo indiano lançou a campanha de desmonetização, tinha certas expectativas. Esperava que os detentores de dinheiro negro não o depositassem no banco na medida em que o tinham depositado. Até 97% das notas desmonetizadas foram depositadas nos bancos, que receberam um total de 14,97 biliões de rupias (220 mil milhões de dólares) dos 15,4 biliões de rupias que foram desmonetizados até 30 de

dezembro de 2016. Esta situação contrastava com a estimativa inicial do governo, segundo a qual 3 biliões de rupias não voltariam a entrar no sistema bancário.

É significativo que, dos 15,4 biliões de rupias desmonetizadas sob a forma de notas de 500 e 1000 da série Mahatma Gandhi, 9,2 biliões tenham voltado a ser postos em circulação sob a forma de notas de 500 e 2000 da nova série Mahatma Gandhi em 10 de janeiro de 2017, dois meses após a desmonetização.

Greves

A desmonetização foi combatida com unhas e dentes em ambas as câmaras do parlamento indiano. Em consequência, desencadeou greves a nível nacional em toda a Índia, apoiadas pelos principais partidos da oposição indiana. Os comboios foram bloqueados e os passageiros ficaram retidos, enquanto marchas de protesto e comícios liderados pelos partidos da oposição tiveram lugar em alguns estados. As lojas e as empresas foram igualmente encerradas. As escolas e os colégios foram igualmente encerrados em todo o Estado de Kerala, tendo a circulação de veículos privados sido igualmente perturbada no norte do país.

Antes do anúncio do Primeiro-Ministro indiano Narendra Modi de que as notas de elevada denominação deixariam de ter curso legal a partir de 9 de novembro de 2016, o Governo indiano já tinha procedido à desmonetização de notas por duas vezes. Em ambos os casos, o objetivo era reduzir a evasão fiscal através do "dinheiro negro" detido fora do sistema económico formal.

Em comparação com 2016, os meios de comunicação social eram em número reduzido em 1946 e 1978. No entanto, dada a importância das decisões, estas foram noticiadas nos meios de comunicação social e faladas entre a população.

A primeira vez que tal aconteceu foi em 1946 e a segunda em 1978, quando o governo indiano emitiu um decreto para abolir as notas com um valor facial de 1.000, 5.000 e 10.000 rupias. Em 1946, as notas de 1.000 e 10.000 rupias foram retiradas de circulação. No entanto, a proibição não teve grande impacto, uma vez que a população não tinha acesso a notas com um valor facial tão elevado. Contudo, ambas as notas foram reintroduzidas em 1954, para além das notas de 5 000 rupias.

Em 1978, o então Primeiro-Ministro indiano Morarji Desai anunciou a proibição da circulação das moedas Rs 1000, Rs 5000 e Rs 10 000. O único objetivo desta proibição era travar a criação de dinheiro negro no país.

No entanto, apesar dos diferentes períodos de tempo e circunstâncias, existem também algumas semelhanças que devem ser reconhecidas. A desmonetização efectuada pelo antigo Primeiro-Ministro Morarji Desai tinha também como objetivo eliminar o dinheiro negro da economia. Para o efeito, foi introduzida a lei relativa às notas bancárias de alta denominação (desmonetização).

Narendra Modi anunciou a proibição de circulação de moeda num discurso transmitido pela televisão. Da mesma forma, Desai anunciou a proibição pela rádio, após o que os bancos foram encerrados no dia seguinte. Em ambas as ocasiões, o assunto foi mantido confidencial.

Mas há também diferenças entre a desmonetização das duas ocasiões. Ao contrário de Modi, Desai não teve o apoio do governador do RBI. O então governador I.G. Patel, durante o governo de Desai, era de opinião que a proibição tinha sido anunciada apenas para bloquear os fundos do partido da oposição. Afirmou também que as pessoas nunca manteriam o dinheiro negro sob a forma de numerário durante muito tempo. A desmonetização não teve grande impacto na população e afectou apenas alguns privilegiados. Pelo contrário, a recente proibição abalou profundamente o país inteiro.

Dadas as condições económicas e políticas normais, a recente medida de desmonetização da Índia não tem precedentes na história do mundo empresarial internacional. O seu secretismo e a sua rapidez foram também notáveis. Todas as outras medidas súbitas de desmonetização foram iniciadas no contexto de hiperinflação, guerras, convulsões políticas ou outras circunstâncias extremas. No entanto, a atual desmonetização indiana teve lugar numa altura em que a economia indiana tem vindo a crescer ao ritmo mais rápido do mundo, graças a condições macroeconómicas estáveis e a uma série impressionante de reformas. As medidas de desmonetização, como a recentemente anunciada na Europa, são geralmente aplicadas gradualmente nestas circunstâncias normais.

Durante a crise financeira mundial, os países desenvolvidos recorreram à política monetária para estimular o crescimento e alargaram a sua utilização a domínios considerados não convencionais, como as políticas de taxas de juro negativas e os "lançamentos de helicóptero". De facto, a Índia acrescentou uma nova dimensão à política monetária não convencional. Em contrapartida, os países industrializados expandiram a oferta de moeda, enquanto a Índia a reduziu. Esta política pode ser designada por "helicopter drop invertido" ou, mais exatamente, "helicopter hoovering".

A nota de mil dólares que estava em circulação na Índia em 1946

Nota de cinco mil em circulação na Índia em 1946

Como primeira experiência, as notas de 1000, 5000 e 10000 rúpias foram retiradas de circulação em 12 de janeiro de 1946, ainda antes da independência da Índia, em 15 de agosto de 1947. O RBI introduziu pela primeira vez a nota de denominação mais elevada alguma vez emitida, o Rs. 10000, em 1938. No entanto, as três notas de 1000, 5000 e 10000 rupias foram reintroduzidas em 1954. A segunda fase da desmonetização foi iniciada em 16 de janeiro de 1978, quando foi emitida uma portaria para abolir as notas com um valor facial de 1000, 5000 e 10000 rupias. No que diz respeito à desmonetização anunciada em 12 de janeiro de 1946, a Comissão de Inquérito sobre a Tributação Direta, no seu relatório intercalar, afirmou que a desmonetização não foi bem sucedida, uma vez que apenas uma pequena parte do total de notas em circulação foi desmonetizada em 1946 e o seu valor era de 1 235 930 milhões de rupias. Na segunda fase, em 16 de janeiro de 1978, foi introduzida a desmonetização das notas de elevado valor facial. As notas de elevado valor facial desmonetizadas nesse dia, 16 de janeiro de 1978, ascendiam a 1460 milhões de rupias e o total de moeda entregue ao RBI era de 1250 milhões de rupias.
Em 1946, o governo pré-independência esperava que a desmonetização punisse os homens de negócios indianos que esconderam a sua riqueza acumulada durante a Segunda Guerra Mundial, enquanto em 1978, o governo de coligação do Partido Janata liderado por Morarji Desai desmonetizou as notas de 1000, 5000 e 10 000 rúpias na esperança de travar a contrafação e o dinheiro negro.
No entanto, o Conselho Central dos Impostos Directos opôs-se à desmonetização no seu relatório de 2012, afirmando que "a desmonetização não pode ser uma solução para combater o dinheiro negro ou a economia, a maior parte do qual é detido sob a forma de propriedade benami, barras de ouro e jóias. De acordo com os dados de auditoria do imposto sobre o rendimento, os detentores de dinheiro negro detêm apenas 6% ou menos da sua riqueza sob a forma de numerário, o que indica claramente que uma estratégia que vise este numerário não seria bem sucedida.
O total de notas em circulação na Índia era de 17,77 biliões de rupias (280 mil milhões

de USD) em 28 de outubro de 2016 e, de acordo com o relatório anual do Banco Central da Índia (RBI) de 31 de março de 2016, o total de notas em circulação era de 16,42 biliões de rupias (260 mil milhões de USD), dos quais quase 86% (cerca de 14,18 biliões de rupias (220 mil milhões de USD)) eram notas de 500 e 1 000 rupias. De acordo com o relatório, 24% (cerca de 22,03 mil milhões) do total de 90266 milhões de notas ainda se encontravam em circulação.

O governo indiano introduziu o Programa de Declaração de Rendimentos em junho de 2016, que decorreu até 30 de setembro de 2016 e ofereceu aos cidadãos com dinheiro negro e activos não declarados a oportunidade de evitarem litígios legais e de se ilibarem, declarando os seus activos e pagando os impostos devidos, bem como uma multa de 45%.

História global da desmonetização

É evidente que o Governo indiano não é o primeiro a desmonetizar as notas de grande valor. O Banco Central Europeu anunciou que vai abolir a meganota de 500 euros, para grande desagrado dos alemães amantes do dinheiro. Os benefícios da abolição das grandes notas de papel são significativos para uma economia e ainda mais para uma sociedade como a Índia, onde a corrupção afectou gravemente a vida das pessoas comuns. O Governo comprometeu-se com os indianos honestos a dar um passeio. Alguns economistas de renome mundial, como Ken Rogoff e Richard Thaler, apelaram a uma economia sem dinheiro. Estes economistas acreditam que uma economia sem numerário é mais segura e mais justa.

Vários governos em todo o mundo decidiram, de tempos a tempos, proibir a circulação de notas. Isto torna inútil a enorme quantidade de dinheiro de uma só vez.

Muitos países iniciaram este processo de desmonetização para controlar a hiperinflação, erradicar o dinheiro negro, promover a estabilidade económica, eliminar a moeda falsa, etc. Nos últimos anos, a desmonetarização foi acompanhada pela introdução do euro nos países da União Europeia. Numa primeira fase, as autoridades fixaram as taxas de câmbio das diferentes moedas nacionais em euros para facilitar a passagem para o euro. Com a introdução do euro nos países europeus, as antigas moedas nacionais perderam a sua validade. No entanto, durante um certo período de tempo, foi possível trocar as antigas moedas por euros, a fim de assegurar uma transição harmoniosa através da desmonetização.

Coreia do Norte: Em 2010, a Coreia do Norte estava sob o regime do então ditador Kim Jong-Il. Este introduziu uma reforma em que foram retirados dois zeros do valor facial da antiga moeda, a fim de exercer um controlo rigoroso sobre a economia e suprimir o dinheiro negro. Em parte devido a uma má colheita, esta medida conduziu a uma grave escassez de alimentos no país. O aumento dos preços do arroz provocou distúrbios, que resultaram num pedido de desculpas invulgar por parte de Kim. A desmonetização acabou por levar à execução do diretor financeiro do partido no poder.

Rússia: Sob a presidência de Mikhail Gorbachev, a URSS decidiu retirar de circulação as notas de grande valor em rublos em janeiro de 1991, quando se viu confrontada com uma crise política interna, a fim de combater a economia paralela. A reforma não conseguiu travar a inflação. Em vez disso, serviu sobretudo para acelerar o declínio da confiança do público no governo. Com o aumento da intriga política associada ao colapso económico, Gorbachev enfrentou uma tentativa de golpe de Estado em agosto que minou a sua autoridade. Esta tentativa acabou por conduzir ao colapso da União Soviética no ano seguinte. Foi tirada uma lição deste facto e, após a redenominação do rublo em 1998, quando foram retirados três zeros, a transição decorreu de forma mais harmoniosa.

Zaire: O ditador Mobutu Sese Seko enfrentou uma crescente perturbação económica no início da década de 90, quando o seu governo implementou várias reformas no sistema de notas. Um plano para abolir a moeda desactualizada em 1993 levou a um aumento da inflação e a uma queda da taxa de câmbio em relação ao dólar. Mobutu foi derrubado em 1997, após uma guerra civil.

Myanmar: Em 1987, a junta militar do país declarou inválido 80% do valor do dinheiro. A iniciativa tinha como objetivo reorganizar o mercado negro. A sua consequência foi a realização das primeiras manifestações estudantis no país em anos. No ano seguinte, o agravamento da crise económica desencadeou protestos em massa a nível nacional, durante os quais o governo reprimiu e matou milhares de pessoas.

Escusado será dizer que foi uma tarefa difícil introduzir a desmonetização na Índia. Os principais políticos e burocratas já tinham previsto que as pessoas comuns ficariam traumatizadas nos próximos meses. Na altura, isto foi visto como um problema inicial para uma economia que se esforçava por reformar o seu sistema corrupto. Foram desenvolvidas estratégias para enfrentar este desafio. Esta medida também sublinhou a necessidade urgente de uma adoção generalizada de cartões de débito, transferências electrónicas e plataformas de pagamento móvel. A mudança de comportamento leva tempo, especialmente entre aqueles que estão enraizados nos seus hábitos. O apoio institucional das instituições financeiras, das plataformas de telecomunicações e dos portais de pagamento tinha de colmatar o défice de oferta. Tinham de se adaptar aos hábitos de todos, especialmente daqueles que eram novos nas transacções financeiras formais.

Na Índia, a estratégia de desmonetização das notas de 500 e 1000 rupias foi iniciada há seis ou dez meses, antes de a medida ser efetivamente anunciada. No entanto, foi mantida em segredo e apenas uma dezena de pessoas tinha conhecimento dela. Os processos logísticos e os preparativos para a impressão das novas notas de 500 e 2000 rupias começaram no início de maio de 2016 e o Gabinete Modi tomou conhecimento da desmonetização em 8 de novembro de 2016, numa reunião convocada pelo Primeiro-Ministro da Índia. Modi anunciou então publicamente a desmonetização num discurso transmitido pela televisão.

Regulamento

Em 28 de dezembro de 2016, o Governo da Índia promulgou o decreto relativo às notas bancárias específicas (cessação de responsabilidades), que põe termo à responsabilidade do Estado pelas notas proibidas. Além disso, foi imposta uma coima até 10 000 euros ou cinco vezes o valor facial das notas, consoante o valor mais elevado, às pessoas que efectuassem transacções com estas notas após 8 de novembro de 2016 ou que detivessem mais de dez notas após 30 de dezembro de 2016. O regulamento previa igualmente a troca de notas após 30 de dezembro para os cidadãos não residentes e outras pessoas, numa base caso a caso.

Isenção

O governo indiano isentou as estações de serviço de gasolina, GNC e gás, os hospitais públicos, os balcões de reserva dos caminhos-de-ferro e das companhias aéreas, as centrais leiteiras e mercearias aprovadas pelo governo e os crematórios da utilização das notas de 500 e 1000 proibidas até 2 de dezembro de 2016.

Troca

Em todo o país, as pessoas acorreram às caixas automáticas e aos bancos para levantar dinheiro depois de as notas desmonetizadas terem sido depositadas nos bancos em 15 de novembro de 2016. O Banco Central da Índia fixou um prazo de cinquenta dias, até 30 de dezembro de 2016, para depositar as notas desmonetizadas em contas bancárias. As notas também podiam ser trocadas nos balcões das agências bancárias, até um limite que variava ao longo dos dias:

    ☐ Inicialmente, o limite foi fixado em 4 000 rupias por pessoa, de 8 a 13 de novembro de 2016.

    ☐ Este limite foi aumentado para 4 500 rupias por pessoa de 14 a 17 de novembro de 2016.

☐ A partir de 18 de novembro de 2016, o limite foi reduzido para 2 000 rupias por pessoa.

De repente, a troca de notas foi interrompida a partir de 25 de novembro de 2016. Os aeroportos internacionais foram igualmente objeto de sondagens para facilitar a troca de notas de 5 000 rupias para os turistas estrangeiros e os passageiros que partem do estrangeiro.

Fronteira

De 10 a 13 de novembro, foi fixado um limite máximo de 10 000 rupias por dia e de 20 000 rupias por semana por conta para os levantamentos em numerário das contas bancárias, que foi aumentado para 24 000 rupias por semana a partir de 14 de novembro de 2016.

Além disso, foi introduzido um limite diário para os levantamentos em ATM, que era de 2 000 rupias por dia até 14 de novembro e de 2 500 rupias por dia até 31 de dezembro. Este limite foi aumentado para 4 500 rupias por dia a partir de 1 de janeiro de 2017 e para 10 000 rupias a partir de 16 de janeiro de 2017. Em 20 de fevereiro de 2017, o Banco da Reserva da Índia aumentou o limite de levantamentos de contas bancárias de poupança das anteriores 24 000 rupias para 50 000 rupias e, em 13 de março de 2017, levantou todos os limites de levantamentos de contas bancárias de poupança.

Relaxamento

De acordo com as orientações revistas emitidas em 17 de novembro de 2016, as famílias podiam levantar 250 000 rupias (25 milhões de euros) de uma conta para despesas de casamento, desde que estivessem em conformidade com as normas KYC. As regras também foram alteradas para os agricultores, que podem levantar 25 000 rupias por semana das suas contas para empréstimos às culturas.

Opção de caixa

Os economistas são de opinião que a Índia deve avançar para a redução do numerário e não para a sua supressão. O numerário era uma das opções mais fáceis para as transacções e, por isso, o governo introduziu novas notas de 2000 rupias, uma vez que existem transacções legítimas de elevado valor em qualquer economia. A lógica subjacente a este choque sem precedentes era aumentar o custo das transacções ilegais. É um facto que a atração pelo dinheiro favorece o crime. Por conseguinte, foi sugerido que houvesse menos dinheiro em numerário, a fim de manter um equilíbrio entre boas transacções financeiras e a repressão dos abusos. Por este motivo, as novas notas de 2 000 rupias foram concebidas com elementos de segurança reforçados, de modo a que esta medida não seja apenas a substituição do dinheiro antigo por dinheiro novo.

O Governador do Banco da Reserva da Índia afirmou que a decisão foi tomada há cerca de seis meses e que a impressão das novas notas de 500 e 2 000 denominações já tinha começado. É significativo que, há seis meses, ou seja, em maio de 2016, Raghuram Rajan era o Governador do RBI e não Urjit Patel, enquanto as novas notas ostentavam a assinatura do recém-nomeado Governador Urjit Patel.

Quando a decisão de desmonetizar as moedas indianas foi tomada em princípio, apenas algumas pessoas, incluindo altos funcionários do governo, agências de segurança e o banco central, estavam cientes da medida. No entanto, os meios de comunicação social noticiaram surpreendentemente a introdução de 2 000 denominações em outubro de 2016, muito antes de o RBI ter feito o anúncio oficial. Esta declaração provocou um debate aceso, uma vez que o governador do banco central seis meses antes do anúncio, ou seja, em maio de 2016, era Raghuram Rajan e não Urjit Patel.

O público também levantou a questão da probidade e sinceridade em certas questões relacionadas com a desmonetização, uma vez que, sete meses antes do anúncio efetivo da desmonetização, um jornal vernáculo de Gujarat publicou um artigo anunciando a desmonetização das notas de 500 e 1000 rupias. Mais tarde, o editor do jornal em questão desvalorizou o caso, afirmando que se tratava apenas de uma brincadeira do primeiro de abril. Coincidentemente, o artigo continha muitos pormenores que coincidiam com o anúncio real em novembro de 2016, incluindo a introdução de novas notas de 2000 rupias. Esta coincidência foi amplamente divulgada e classificada como "mística" e "sinistra". Mesmo duas semanas antes do anúncio oficial, um importante jornal diário, citando fontes do RBI, informou sobre a introdução iminente de novas notas de 2000 rupias, ao mesmo tempo que as notas de 500 e 1000 rupias eram retiradas. Do mesmo modo, em 21 de outubro de 2016, apareceu uma notícia num importante jornal inglês que falava da introdução iminente da nota de 2000 rupias e da possível retirada das notas de 500 e 1000 rupias

De acordo com os dados disponíveis, os bancos comerciais estatais da Índia ultrapassaram os anteriores registos de depósitos dos últimos dois anos em setembro de 2016. De acordo com os dados do RBI, os bancos receberam 102 08 2900 milhões de rupias, ou 102 lakh crore, o que representa mais 5,89 lakh crore do que em agosto de 2016, um aumento de 13,5%. Isto indica uma fuga da decisão de desmonetização e alguns políticos tornaram este facto um problema.

Durante o mandato do anterior governo, o limite máximo para o regime de remessas liberalizadas (LRS), ou seja, para as transferências de dinheiro para o estrangeiro, foi fixado em 75 000 dólares americanos. No entanto, o Governo de Modi aumentou este limite para 125 000 USD na primeira semana após a tomada de posse. Em 26 de maio de 2015, o Governo aumentou novamente o limite para 250 000 USD, aumentando assim as remessas de dinheiro indiano para o estrangeiro.

Qualquer pessoa instruída na Índia sabe que o dinheiro negro é depositado em contas na Suíça e no Panamá. Mas mais de 33% do investimento direto estrangeiro na Índia nos últimos cinco anos foi canalizado através da rota das Maurícias sob a forma de certificados de participação nos lucros. Trata-se de acções "benami" ou pseudónimas de empresas onde o dinheiro negro dos indianos regressa depois de viajar para o estrangeiro. Desta forma, o dinheiro é legalizado. Esta via deve ser travada a todo o custo, mas, como era de esperar, nada foi feito. Surpreendentemente, o acordo relativo à rota das Maurícias foi alargado três dias antes do anúncio da desmonetização.

O governador do RBI disse aos meios de comunicação social que apenas os altos funcionários do governo, as agências de segurança e o RBI tinham conhecimento da desmonetização. No entanto, os meios de comunicação social já tinham noticiado a introdução da denominação de 2000 rupias em outubro de 2016, muito antes do anúncio do RBI. Este facto põe em causa o secretismo e os elevados padrões da decisão de alto nível do governo indiano. É importante notar que, há seis meses, o Governador do RBI era Raghuram Rajan e não Urjit Patel e que as novas notas tinham a assinatura do recém-nomeado Governador. Isto levanta a questão de saber como é que Urjit Patel pôde começar a assinar novas notas quando nem sequer era o Governador do RBI.

Após o anúncio da desmonetização, foram vistas pessoas em Bombaim a trocar notas antigas por uma comissão de 40%, enquanto em Bangalore a comissão era de 10%. Alguns gestores bancários foram encontrados a fazer o mesmo a 10%. O Governo indiano ofereceu a opção de pagar 50% de impostos e penalizações e de renunciar a outros 25% dos depósitos por 5 anos de juros. Isto equivalia a 12% às taxas em vigor. As pessoas não queriam pagar 62% para converter o seu dinheiro negro. O dinheiro negro foi convertido com base em comissões de 10 a 40%. Nos primeiros dias da desmonetização, o jogo do dinheiro negro, que estava restrito a alguns corruptos, tornou-se uma indústria caseira em toda a Índia. Depois, o governo indiano também se envolveu no jogo e tentou ganhar algum dinheiro com ele. O Primeiro-Ministro anunciou novamente a regra dos 50-50 para o dinheiro negro.

Após o anúncio da desmonetização, os bancos indianos anularam 11,4 milhões de rupias de grandes empresas. Para citar alguns exemplos, o SBI anulou cerca de 80 000 milhões de rupias de Vijay Malaya, que mais tarde fugiu da Índia para Londres e foi libertado sob fiança pelo tribunal quando foi preso. As dívidas incobráveis no valor de 80 milhões de rupias ainda estão pendentes e serão liquidadas após a desmonetização.

Têm-se registado repetidamente casos de confisco de notas de 2000 rupias em todo o país, apesar do limite semanal e diário de levantamento de dinheiro nos bancos. Alguns exemplos são: 40 milhões de rupias em Bangalore, 3,3 milhões de rupias em Bengala Ocidental, 15 milhões de rupias em Goa, 1,8 milhões de rupias em Tamil Nadu, 100 milhões de rupias em Chennai e 2420 milhões de rupias noutros locais.

Alguns empresários admitiram numa entrevista que foram avisados por uma fonte do governo sobre a iminente desmonetização e que tinham tempo suficiente para converter a maior parte do seu dinheiro em notas de menor valor.

Os meios de comunicação social noticiaram que se tinha tornado rotina para algumas pessoas levantar dinheiro do banco. De certa forma, eram elas as beneficiárias. Diz-se que algumas pessoas acumularam milhões de rupias em notas novas.

Em abril de 2016, o presidente do Banco Estatal da Índia também discutiu abertamente a possibilidade de desmonetizar as notas de 500 e 1000 rupias.

O Partido Comunista da Índia (Marxista) (CPM) alegou que a unidade do partido no poder do Governo da União em Bengala Ocidental estava ao corrente do anúncio iminente, pelo que as pessoas próximas do partido depositaram dinheiro imediatamente antes do anúncio. A ministra-chefe do Estado de Bengala Ocidental alegou ainda que houve uma fuga de informação sobre a medida. Levantou ainda a questão de saber como é que um político sénior do Punjab, pertencente ao governo central, pôde escrever sobre as notas de 2000 rupias dias antes do anúncio oficial. Chegou mesmo ao ponto de afirmar que o aumento súbito dos depósitos bancários entre julho e setembro de 2016 se devia também a uma fuga de informação. Alguns políticos seniores da oposição alegaram que os líderes do partido no poder no Centro tinham comprado propriedades em Bihar em grande escala antes da desmonetização porque foram informados de antemão. Alguns políticos do partido no poder no Centro foram detidos e investigados por terem dinheiro não contabilizado na nova denominação de 2000 rupias.

A questão crucial que os especialistas e os cidadãos colocam atualmente é se a desmonetização erradicou o dinheiro negro e a corrupção na Índia. Algumas pessoas são da opinião de que os indianos são muito inovadores e podem pensar em inúmeras formas de contornar a desmonetização. É possível que haja uma ponta de verdade nesta apreensão. Continuam a existir numerosas formas inovadoras de engraxar as palmas das mãos dos funcionários públicos. Também podem ser efectuadas transacções criminosas. Os evasores fiscais podem fugir aos impostos sem as notas de 500 e 1000 rupias. No entanto, o aspeto positivo é que a abolição das notas de grandes dimensões tornará mais dispendiosas várias actividades criminosas e ilegais, como a evasão fiscal, o tráfico de seres humanos, a droga, a extorsão e o terrorismo. Embora a abolição das notas de grande valor facial dificilmente signifique o fim do crime, uma coisa é certa: a economia paralela passará a utilizar meios de pagamento mais arriscados e menos líquidos. Tudo isto é positivo para um país que é notoriamente muito corrupto, uma vez que pode abrir caminho a uma redução das taxas de corrupção. Uma medida como a desmonetização pode funcionar como um elemento dissuasor das transacções criminosas na economia indiana.

Não é que toda a gente estivesse a segurar um ramo de flores para presentear o Primeiro-Ministro indiano com a introdução da desmonetização na Índia. Esta medida foi também objeto de fortes críticas. Por exemplo, o Supremo Tribunal da Índia, ao ouvir uma das várias petições apresentadas contra a súbita decisão de introduzir a desmonetização em vários tribunais, declarou que "parece tratar-se de um bombardeamento de tapete e não de um ataque cirúrgico", como o Governo continua a afirmar.

Media: Internacional

Steve Forbes descreveu a ação como "nojenta e imoral". Disse: "O que a Índia fez foi um roubo maciço da propriedade das pessoas sem sequer uma aparência de um processo justo - uma medida chocante para um governo democraticamente eleito".

A desmonetização foi também fortemente criticada pelos meios de comunicação social fora da Índia. O New York Times atacou a medida, afirmando que a desmonetização foi "cruelmente planeada" e que não parece ter travado o dinheiro negro. Um artigo do Guardian afirmava em voz alta que "Modi mergulhou a Índia na ruína". A Harvard Business Review classificou-a como "um estudo de caso de má política e ainda pior execução". A frequente mudança de explicação sobre os objectivos da desmonetização e o seu impacto visível nos mais pobres levou os opositores a apelidarem a narrativa do Governo de "spin" face ao "sofrimento sem sentido dos mais pobres da Índia".

O jornal estatal chinês Global Times saudou a medida, descrevendo-a como uma "luta feroz contra o dinheiro negro e a corrupção". Alguns representantes dos meios de comunicação social, como o correspondente da BBC no Sul da Ásia, Justin Rowlatt, elogiaram a desmonetização pelo seu secretismo e sucesso e apresentaram razões pormenorizadas para a desmonetização. No seu artigo na revista Forbes, Tim Worstall descreveu a desmonetização como um efeito macroeconómico bem-vindo.

The Independent, um jornal publicado em Singapura, publicou um artigo intitulado "Modi enfrenta Lee Kuan Yew para erradicar a corrupção na Índia". Lee Kuan Yew, o primeiro-ministro de Singapura, é considerado o arquiteto da Singapura moderna. Um novo Lee Kuan Yew está a nascer na Índia - da ideia à realização. Isto irá refletir-se no legado deste primeiro-ministro".

Um proeminente jornalista ocidental escreveu nos meios de comunicação social que a desmonetização "parece uma má ideia, mal executada com base em algumas ideias mal concebidas".

Meios de comunicação social: indiano

Em abril de 2017, um relatório de uma comissão parlamentar declarou que as famílias rurais e os contribuintes honestos foram os mais afectados pela desmonetização e afirmou ainda que não só os pobres, mas também o sector da indústria transformadora foram afectados negativamente. De acordo com o painel, a desmonetização causou perturbações significativas em toda a economia, uma vez que foi introduzida sem estudos ou pesquisas prévias.

Jay Dubashi publicou uma análise desta medida numa das edições de fevereiro da revista India Today. Dubashi referiu que a portaria também afectou outros mercados, como o do ouro e dos diamantes, cujos preços caíram 5 a 10% no espaço de uma semana. Além disso, as notas antigas foram vendidas com um desconto de 70% no Zaveri Bazar, em Bombaim.

No seu relatório, Dubashi escreveu: "Política à parte, é improvável que a desmonetização reduza o dinheiro negro em circulação pela simples razão de que ninguém sabe realmente quanto dinheiro negro está em circulação e, mais importante ainda, se o dinheiro negro em todas as suas tonalidades pode realmente ser definido com precisão".

Economistas e empresários

Paul Krugman, Prémio Nobel da Economia, explicou que a desmonetização traria poucos benefícios e poderia acarretar custos consideráveis. A comunidade internacional reagiu globalmente de forma positiva, descrevendo a medida como uma ação corajosa de combate à corrupção. O Fundo Monetário Internacional (FMI) emitiu uma declaração apoiando a iniciativa de Modi de combater a corrupção através da desmonetização.

A decisão de desmonetizar as moedas indianas provocou inicialmente reacções mistas. Vários dos principais banqueiros indianos, como o presidente do State Bank of India e o diretor-geral do ICCI Bank, acolheram favoravelmente a medida, na esperança de que contribuísse para reduzir o dinheiro negro. Alguns empresários pertencentes ao Grupo Mahindra, ao Grupo JSW, ao Snapdeal e ao FreeCharge apoiaram a medida, afirmando que esta daria igualmente um impulso ao comércio eletrónico. O fundador da Infosys também se congratulou com a medida.

Jagdish Bhagwati, um proeminente economista indiano-americano, também saudou a desmonetização.

No entanto, a desmonetização irritou alguns economistas. Amartya Sen, um conhecido Prémio Nobel, criticou fortemente a desmonetização e descreveu-a como uma "medida despótica", entre outras coisas. Kaushik Basu, antigo vice-presidente do Banco Mundial, considerou-a um "erro" e explicou que os "danos" eram provavelmente muito maiores do que os potenciais benefícios.

Pronab Sen, antigo responsável pelas estatísticas e membro da Comissão de Planeamento da Índia, descreveu a medida como "vazia", uma vez que não aborda verdadeiramente nenhum dos alegados objectivos de combate ao dinheiro negro ou à moeda falsa.

Um antigo professor de economia da Universidade Jawaharlal Nehru, em Deli, criticou a medida, considerando-a "insensata" e "antipopular". Atacou o Governo por considerar o dinheiro negro como "um monte de dinheiro". Afirmou que a medida dificilmente ajudaria a pôr termo às "actividades clandestinas", ao mesmo tempo que "causaria muito sofrimento às pessoas comuns". O presidente da HDFC elogiou inicialmente a decisão de proibir as notas de 500 e 1000 rupias, mas mais tarde disse que a medida tinha feito descarrilar a economia e manifestou ceticismo quanto ao resultado. Um conhecido industrial, Rajiv Bajaj, criticou fortemente a desmonetização e disse que não só a implementação, mas também o próprio conceito de desmonetização estava errado.

Diretor

Mikael Damberg, o Ministro das Empresas da Suécia, congratulou-se com a medida e descreveu-a como uma decisão corajosa. O antigo Primeiro-Ministro finlandês e Vice-Presidente da Comissão Europeia, Jyrki Katainen, congratulou-se com a desmonetização e sublinhou que a transparência reforçaria a economia indiana.

Atacando a desmonetização, o antigo Primeiro-Ministro indiano, Dr. Manmohan Singh, afirmou: "Este regime irá prejudicar as pequenas indústrias e a agricultura. O produto interno bruto pode cair cerca de 3% devido a esta medida", ao mesmo tempo que perguntava: "Gostaria de pedir ao Primeiro-Ministro exemplos de países onde as pessoas depositaram o seu dinheiro nos bancos e não foram autorizadas a levantar o seu próprio dinheiro" e, mais tarde, advertiu o Governo: "Não é bom que os bancos estejam a emitir novos avisos todos os dias. Isto não se reflecte bem no Gabinete do Primeiro-Ministro, no Ministro das Finanças e no Banco Central da Índia. O sistema bancário cooperativo foi impedido de lidar com dinheiro". Por último, apelidou a "desmonetização de pilhagem organizada, uma pilhagem legalizada das pessoas comuns".

Anna Hazare, um proeminente ativista social indiano, descreveu a desmonetização como um passo revolucionário.

Foi bom que o porta-voz do Congresso Nacional Indiano tenha inicialmente saudado a medida, pelo menos com uma pitada de ceticismo quanto às consequências. O Ministro-Chefe de Bihar também saudou a medida. O Ministro-Chefe de Andhra também apoiou a medida de desmonetização. Um antigo Comissário Chefe das Eleições da Índia afirmou também que a desmonetização poderia conduzir a reformas eleitorais a longo prazo. O antigo Presidente da Índia, Pranab Mukherjee, saudou a desmonetização como um passo ousado na direção certa. Nos microblogs e nas redes sociais como o Twitter, as massas estavam divididas. Os ministros-chefes de vários estados indianos, incluindo Bengala Ocidental, Deli e Tamil Nadu, manifestaram o seu desagrado relativamente à medida e lideraram grandes protestos contra a decisão nos seus estados e no parlamento.

Inicialmente, a iniciativa de desmonetizar e reduzir o dinheiro negro foi louvada, mas a forma como foi levada a cabo, causando dificuldades ao homem comum, não foi vista com bons olhos. O secretário-geral da Liga Nacional Indiana apresentou uma ação de interesse público (PIL) no Tribunal Superior de Madras para proibir a decisão. O Supremo Tribunal rejeitou a petição, alegando que não podia interferir na política monetária do Governo. Foram também apresentadas petições contra a desmonetização no Supremo Tribunal da Índia, mas sem sucesso.

O principal partido da oposição, composto por 13 partidos políticos, opôs-se ao atual governo sobre a questão da desmonetização na sessão de inverno do Parlamento indiano, em 16 de novembro de 2016. O Ministro-Chefe de Bengala Ocidental também se encontrou com o Presidente Pranab Mukherjee para se manifestar contra a desmonetização. Foi apresentado um memorando ao Presidente da Índia, Pranab Mukherjee, exigindo a retirada da decisão.

Durante o debate sobre a desmonetização, no primeiro dia da sessão de inverno do Parlamento no Rajya Sabha, um membro da oposição levantou uma questão sobre uma declaração feita pelo Primeiro-Ministro da Índia: "Se isto foi planeado há 10 meses, como é que o Governador do RBI, Urjit Patel, pôde assinar a nova nota de moeda? Um membro do partido da oposição afirmou: "O Governo nem sequer estava preparado para recalibrar as caixas automáticas quando anunciou a medida. O sofrimento das pessoas é inimaginável. Ninguém questiona a intenção do governo, mas não estão preparados para aplicar a medida". Mais tarde, um antigo ministro-chefe do Uttar Pradesh comparou a situação a uma "emergência financeira" e afirmou: "Parece que Bharat está paralisada". Além disso, alguns deputados questionaram o governo sobre a desmonetização, afirmando que "apenas 6% do dinheiro negro na Índia está em numerário". O Presidente do Parlamento Europeu quis deixar claro que a desmonetização não irá reduzir a riqueza ilícita.

Em 17 de novembro de 2016, numa manifestação contra a desmonetização das notas de 500 e 1000 rúpias em Deli, o Ministro-Chefe de Deli e o seu homólogo de Bengala Ocidental exigiram a retirada da desmonetização no prazo de três dias. O Ministro-Chefe de Bengala Ocidental também declarou: "Estou a fazer um ultimato de três dias ao governo: ponham as coisas em ordem ou retirem a desmonetização".

Durante o debate sobre a desmonetização, a oposição e o governo discutiram sobre a questão e paralisaram temporariamente o Parlamento.

Em 8 de novembro de 2016, o anúncio súbito da abolição das notas de 1000 e 500 rupias causou tremores em todo o país. Dado o momento e as implicações socioeconómicas e políticas da decisão, muitas pessoas falaram de uma "emergência financeira". Dada a elevada proporção destas notas em circulação (mais de 86%), a "desmonetização" provocou uma grave perturbação da maior parte das actividades económicas, especialmente do emprego. No entanto, os partidos políticos pareciam estar divididos sobre a questão, com os que eram a favor da decisão a acreditarem que esta ajudaria a travar os níveis galopantes de dinheiro negro, a contrafação, o terrorismo transfronteiriço, etc. Em nitido contraste, os outros eram da opinião de que se tratava de uma decisão puramente irreflectida, baseada na falta de compreensão ou numa compreensão inadequada da "economia paralela" e, por conseguinte, apenas politicamente motivada, uma vez que alguns Estados, especialmente a UP, estão a enfrentar eleições gerais. Além disso, consideraram que a decisão de "desmonetizar" estava muito longe da realidade e, por conseguinte, tinha poucos efeitos tangíveis, exceto o facto de mergulhar milhões de pessoas na miséria, uma vez que teriam de enfrentar filas de espera todos os dias.

A desmonetização iniciada pelo governo indiano terá certamente um impacto de grande alcance na economia indiana. Trata-se de um dos passos mais importantes na luta contra o problema do dinheiro negro que tem paralisado a Índia desde a independência.

Emprego

Os efeitos da desmonetização no emprego não foram os mesmos em todos os sectores. Parte-se do princípio de que os sectores de mão de obra intensiva, como as indústrias alimentar, têxtil, do vestuário, do couro e dos artigos de couro, sofreram as maiores perdas em resultado da desmonetização. Consequentemente, estas indústrias registaram uma perda absoluta de postos de trabalho.

As pessoas perderam empregos em consequência da desmonetização, sobretudo no sector não organizado e informal e nas pequenas empresas. Os sindicatos também perderam postos de trabalho. Mas ninguém pode ignorar a realidade. Na Índia, o dinheiro vivo é o modo de pagamento preferido. Menos de metade da população utiliza o sistema bancário para as transacções monetárias. A ira pública foi imediatamente dirigida contra o sistema bancário mal gerido e não preparado. Os bancos não dispunham de notas novas (Rs 500 e Rs 2000) em número suficiente para trocar pelas notas anuladas. A medida conduziu igualmente a uma escassez de notas de menor valor facial, como as de 100 e 50 rupias, que continuavam a ter curso legal. As pessoas retiveram o dinheiro que tinham na mão. A desmonetização levou a um súbito colapso do comércio indiano e afectou duramente a economia informal e sem conta bancária. O comércio em todos os sectores da economia foi perturbado e sectores como a agricultura, as pescas e o enorme mercado informal quase pararam nos primeiros dias após o anúncio. É um facto reconhecido que, na Índia, o sector informal gera mais empregos do que o sector formal e que a maior parte das transacções são efectuadas em numerário. A perturbação deste sistema pôs em risco o emprego e os meios de subsistência das camadas mais fracas da sociedade. A mudança súbita perturbou a vida das pessoas comuns e provocou perdas significativas de postos de trabalho entre os pobres.

Inicialmente, a desmonetização indiana não foi efectuada com muito cuidado. No entanto, o impacto a nível microeconómico parecia favorável. Por exemplo, todas as principais actividades ilegais, como o financiamento do terrorismo, etc., foram gravemente afectadas após o anúncio. A desmonetização também resolveu o problema da contrafação na Índia a curto e médio prazo. O mercado negro centrado no numerário deixou de funcionar em grande medida com a abolição da maior parte da sua moeda. É um bom sinal o facto de as novas notas de 500 e 2 000 rupias serem menos susceptíveis de serem falsificadas devido às suas características de segurança avançadas. Esta medida eliminou, em certa medida, a corrupção e a evasão fiscal no mercado imobiliário indiano. O crescimento dos sectores com utilização intensiva de numerário, como o imobiliário, a construção e os produtos de grande consumo, foi afetado a curto prazo, uma vez que os consumidores adiaram as compras. O mercado imobiliário estagnou com a queda dos preços dos imóveis e as potenciais dúvidas fiscais pós-desmonetização afectaram tanto o consumo como o investimento nos sectores formal e informal. No entanto, a história também teve um lado positivo. A médio prazo, o aumento das despesas públicas e a maior inclusão financeira trouxeram benefícios. A transferência das poupanças das famílias de recursos físicos para recursos financeiros também ajudou a impulsionar o crescimento, de acordo com o relatório do Yes Bank BSE0.90 %.

Com o fim da troca de notas antigas, muitas pessoas tiveram de abrir contas para poupar o seu dinheiro. De acordo com as estimativas, os bancos abriram mais de 3 milhões de novas contas desde o início da desmonetização em 8 de novembro de 2016 (e a tendência está a aumentar). O maior banco da Índia, o State Bank of India (SBI), abriu 50 000 contas por dia através das suas 17 097 agências, metade das quais em zonas rurais e semiurbanas.

As principais empresas de Internet da Índia (Flipkart, Snapdeal, Shopclues, CCAvenues, Ola e Oyo Rooms) congratularam-se com a iniciativa, salientando que esta abriria caminho aos pagamentos digitais. Isto ajudaria o processo de inclusão financeira e a mudança global na economia traria benefícios a longo prazo para o sector. As empresas de pagamentos Paytm e Freecharge registaram um aumento acentuado na adoção das suas carteiras digitais. O crescimento dos pagamentos e das carteiras digitais constitui a primeira fase do impacto. Na segunda fase, este facto dará um grande impulso aos empréstimos e ao crédito, à medida que os registos digitais dos comerciantes se expandem e criam mais procura.

É claro que a desmonetização teve um impacto negativo na política a curto prazo. Mas o verdadeiro impacto de qualquer política tem de ser avaliado a médio e longo prazo. O declínio do investimento global, tanto no sector formal como no informal, reduziu certamente o potencial de crescimento económico.

De todos os impactos da desmonetização, o impacto no emprego é de grande importância, especialmente numa situação em que a maioria dos pagamentos de salários é feita em numerário. Dado o enorme emprego informal, mais de 95 por cento de todas as transacções na Índia são feitas em numerário. A decisão de "desmonetizar" subitamente levou, por conseguinte, a uma mudança significativa na dinâmica do mercado de trabalho, uma vez que milhões de trabalhadores foram expostos a uma maior insegurança no emprego. Estes recorreram à "migração inversa". O crescimento económico é um dos factores mais importantes para o crescimento do emprego. Numa situação em que a fase de recessão causada pela crise global de 2009 mal tinha diminuído, a recente "desmonetização" levou a um declínio do crescimento previsto pela maioria dos reguladores económicos, incluindo o RBI e o FMI. As previsões para o declínio do PIB variam entre 0,5 e 2 por cento. Teoricamente, uma queda de uma unidade na taxa de crescimento leva a uma queda na taxa de crescimento do emprego, um conceito conhecido como elasticidade do emprego (EE) da produção. O mercado de trabalho, especialmente o informal, foi, por conseguinte, o mais afetado por esta mudança.

Antes de avaliar o impacto da recente "desmonetização" no emprego, é essencial fazer um resumo do mercado de trabalho na Índia. Na sequência do relatório sobre o Quinto Inquérito Anual ao Emprego e ao Desemprego (2015-16), devem ser considerados alguns pontos.

Em primeiro lugar, muito poucos agregados familiares (20%) com um rendimento mensal de 10 000 rupias ou menos têm uma conta bancária. Em segundo lugar, a maioria dos trabalhadores pertence apenas a este grupo de rendimento: 82% dos trabalhadores independentes, 60% dos trabalhadores permanentes, 87% dos trabalhadores com contrato e 96% dos trabalhadores ocasionais. Em terceiro lugar, a maioria dos trabalhadores em todas as categorias de emprego não tem um contrato escrito: 65% (trabalhadores permanentes), 68% (trabalhadores contratados) e 95% (trabalhadores ocasionais). Em quarto lugar, a maioria dos trabalhadores (71,2%) não recebe quaisquer prestações sociais. Por último, 60% dos trabalhadores provêm de apenas seis Estados: Tamil Nadu, Maharashtra, Andhra Pradesh, Gujarat, Karnataka e Uttar Pradesh.

O emprego informal, que representa cerca de 95% de todos os postos de trabalho na Índia, não é (ou é-o apenas de forma limitada) objeto de proteção social, por exemplo, através de prestações de saúde, educação ou segurança social. Os trabalhadores podem ser despedidos (ou despedidos) em qualquer altura durante o processo de produção (ou distribuição). Uma vez que a maioria dos salários é paga em dinheiro, são eles os mais necessitados devido à "desmonetização" recentemente anunciada.

A proporção de mulheres empregadas é mais elevada em alguns sectores, por exemplo, na indústria do vestuário (46%), na indústria de malhas e tricotagem (36,08%) e na indústria alimentar (33,98%). A desmonetização foi a que mais as afectou. Como as trabalhadoras não têm poder de negociação e estão, portanto, expostas a uma maior insegurança no mercado de trabalho em termos de níveis salariais ou de segurança social, foram as vítimas da desmonetização. Além disso, o dinheiro vivo era geralmente o único meio de pagamento para elas. Por conseguinte, foram mais afectadas por mudanças políticas como a "desmonetização" do que os seus colegas do sexo masculino.

Há já algum tempo que o mercado de trabalho indiano se caracteriza pela volatilidade e incerteza, incluindo o problema da recessão global e da crescente "automatização", especialmente no sector da indústria transformadora. Durante a última década e meia, a Índia emergiu como uma potência mundial em termos de desenvolvimento e difusão de novas tecnologias sob a forma de TIC. A intensidade das TIC, definida como o rácio entre o investimento em TIC e o investimento não TIC, aumentou significativamente em todas as indústrias, conduzindo à "automatização" na maioria dos sectores da indústria transformadora (e da distribuição). O seu impacto no crescimento que aumenta a produtividade e no emprego direto está bem documentado. No entanto, o impacto negativo no emprego, particularmente na indústria transformadora que utiliza as TIC, tem sido largamente ignorado. O debate sobre se o efeito líquido das TIC no emprego em toda a economia é positivo continua, portanto, a decorrer. Uma mudança política importante como a "desmonetização" é suscetível de tornar o cenário do emprego ainda mais volátil, uma vez que cria incerteza no mercado de trabalho, especialmente no emprego informal. Pode também notar-se que as indústrias de mão de obra intensiva, como a alimentação e as bebidas, o tabaco, os têxteis, o couro, a madeira e a joalharia, empregam cerca de metade da mão de obra total no sector industrial organizado da economia. Considerando o facto de que quase 84% de todas as fábricas empregam indianos com idades compreendidas entre os 0 e os 99 anos, pode presumir-se que são afectados pela desmonetização do governo. Os jornais, as revistas, os meios de comunicação electrónicos e as redes sociais estão inundados de notícias sobre a "migração inversa", ou seja, milhões de pessoas foram forçadas a fugir dos Estados industrializados: Punjab, Haryana, Maharashtra, Gujarat, etc., para os seus países de origem.

O Financial Express considera que cerca de 0,4 milhões de trabalhadores, a maioria dos quais pertencentes a este segmento, poderão ser afectados pela decisão.

Outro ponto que merece ser mencionado é que nem todo o emprego no sector formal é formal em si mesmo. É antes informal no sentido em que não é apoiado pela segurança social. Entre 2000 e 2005, passou de 38,7% para 46,6%, um fenómeno conhecido como "informalização do sector formal". A percentagem da segurança social no valor da produção do sector formal também diminuiu significativamente, de 14% em 2000 para 10% em 2013 (ASI, 2013-14). Assim, se o crescimento da produção diminuir em resultado das recentes políticas de desmonetização, como previsto pela maioria das agências económicas, incluindo o Banco Mundial, isso terá um impacto no emprego destes trabalhadores informais. A mesma fonte de dados mostra também que, nos últimos dez anos, desde 2003, um total de 94.163 fábricas adicionais criaram quase 4 milhões de novos postos de trabalho, o que equivale a 41 trabalhadores por fábrica. Assim, é fácil deduzir que o encerramento de uma fábrica devido à desmonetarização levou provavelmente ao desemprego de quase 41 pessoas. A análise setorial das indústrias dentro da indústria transformadora também revela alguns pontos que merecem ser discutidos.

No que diz respeito ao sector informal, de acordo com um relatório da ASI (2010-11), cerca de um quinto dos quase 32 milhões de trabalhadores do sector têxtil e do vestuário pertenciam à categoria de trabalhadores diaristas. Qualquer mudança de política que levasse a um declínio no crescimento da produção fazia com que estas pessoas fossem vítimas do sistema. De acordo com o relatório NCEUS de 2009, a maioria das pessoas (78,7%) que pertencem ao sector informal são pobres e desamparadas. Os trabalhadores ocasionais constituem 90 por cento destas pessoas. 75 por cento dos trabalhadores pertencem à categoria dos trabalhadores independentes. São eles que têm de suportar o peso da "desmonetização".

É sabido que o sector formal atingiu o ponto de saturação em termos de emprego. Por conseguinte, não pode contribuir para a criação de novos postos de trabalho. Também em termos qualitativos, a situação não é muito promissora, ou seja, a percentagem do rendimento consagrada à segurança social tem vindo a diminuir ao longo dos anos. Na maioria dos sectores, verifica-se uma tendência para uma proporção bastante elevada de trabalhadores contratados, por exemplo, nos serviços de saneamento e outros serviços de gestão de resíduos (100%), na recolha de resíduos (91,70%) e nas indústrias extractivas (83,89%), etc. (ASI, 200-10). Ao nível das fábricas, presumiu-se que 26,42% das fábricas empregavam trabalhadores contratados em 2009-10. Estes foram observados como mais elevados no sector público (35,02%), 39,56% no sector comum e 26,18% no sector privado (ASI, 2013-14). A nível estatal, o emprego mais elevado foi observado em Tripura (67%), 58,50% em Bihar, 47,19% em Nagaland e 45,06% em Dadra e Nagar Haveli. No sector público, a taxa mais elevada foi observada em Chandigarh (cerca de 80%), seguida de Chhattisgarh (70%) e Rajasthan (56%).

A partir destas informações, é fácil deduzir que a situação do emprego no país não era exatamente animadora. Num país onde 79% dos trabalhadores assalariados não agrícolas não tinham contrato escrito e apenas um quarto estava coberto pela segurança social, a decisão de desmonetizar foi certamente motivo de preocupação. Há poucas dúvidas de que, embora o impacto das TIC no crescimento e no emprego direto esteja bem documentado, o impacto negativo indireto no emprego através dos sectores transformadores que utilizam as TIC não pode ser ignorado. Por conseguinte, a decisão de "desmonetizar" contribuiu inicialmente para uma maior desestabilização do já volátil mercado de trabalho na Índia.

Festas, casamentos, cultivo, etc.

A velha cultura tradicional indiana foi afetada pela desmonetização, uma vez que os festivais e as celebrações familiares, como os casamentos, deixaram de poder ser celebrados no ambiente tradicional. Para dar um exemplo: O pai de uma futura noiva não conseguiu levantar dinheiro dos bancos depois de ter estado três dias na fila, apesar de ser casado com uma mulher.

uma emergência, pois a sua filha ia ser operada de urgência. No final, a rapariga acabou por morrer. Há outros exemplos que mostram casos deste género. O princípio básico do direito e da justiça é que nenhuma pessoa inocente deve ser penalizada. O ouro e as jóias foram vendidos a preços duplos, o que levou a uma escassez artificial e a mais dinheiro negro. Isto anulou o próprio objetivo da desmonetização.

Taxa doPIB

O Vice-Presidente do Comité Político assegurou que, nos dois primeiros trimestres do próximo exercício financeiro de 2017-18, o impacto negativo da desmonetização na economia seria recuperado. Afirmou que o declínio da taxa de crescimento no último trimestre de 2015-16, ou seja, após a desmonetização, seria recuperado no próximo exercício financeiro. No entanto, o chefe de estatística do Serviço Central de Estatística do Governo da Índia, ao divulgar as primeiras estimativas avançadas do PIB em 6 de janeiro de 2017, afirmou que as taxas do PIB em 2016-17 podem cair para 7,1% em relação a 7,6% em 2015-16 e que o rendimento per capita também cairia para 5,6% em relação a 6,2% no exercício anterior. Um antigo ministro das Finanças afirmou que o PIB diminuiria mais do que a estimativa do governo indiano. A queda do PIB em apenas cerca de 1% significaria uma perda de Rs 15 crore, disse ele. Segundo ele, o RBI e o Gabinete de Estatísticas também reconheceram a queda do PIB devido à desmonetização. A desmonetização foi um grande barulho por nada. Era como a montanha em trabalho de parto das fábulas de Esopo. A montanha estava em trabalho de parto e gemia terrivelmente, mas no final deu à luz um rato".

Os economistas mundiais consideraram que a taxa de crescimento do PIB da Índia para o ano financeiro de 2016-17 diminuiria entre 0,5 e 3 por cento devido à desmonetização. Esperava-se que o PIB da Índia fosse de 2,25 biliões de dólares em 2016, pelo que cada redução de 1% na taxa de crescimento significaria uma perda de 22,5 mil milhões de dólares (15,4 milhões de rupias) para a economia indiana. Uma agência mundial previu que as taxas de crescimento trimestrais do PIB da Índia cairiam abaixo dos 7% durante um ano inteiro, pela primeira vez desde junho de 2011.

O crescimento do PIB da Índia para o trimestre janeiro-março de 17 foi calculado em 6,1%, enquanto os economistas tinham previsto 7,1%. O crescimento do PIB para todo o ano fiscal foi de 7,1%, um declínio em relação aos 8% do ano anterior. Presume-se que esta diminuição do PIB se deve à desmonetização.

Contrabando de pessoas

Kailash Satyarthi, laureado com o Prémio Nobel, e outras pessoas envolvidas na luta contra o tráfico de seres humanos afirmaram que a proibição da desmonetização conduziu a um declínio acentuado do tráfico sexual. Afirmou ainda que a desmonetização se revelaria eficaz na luta contra a exploração infantil e a corrupção. Isto colocaria um grande obstáculo no caminho dos traficantes de seres humanos. Alguns meses mais tarde, porém, manifestou o seu descontentamento pelo facto de as notas de 2000 rupias estarem a ser levadas para o tráfico de seres humanos na ausência de outras medidas concretas.

Maoístas e Naxalitas

A desmonetização também teve um impacto negativo sobre os maoístas e os naxalitas. Desde o anúncio da desmonetização, o número de rendições aumentou. Pensa-se que o dinheiro que estas organizações tinham recolhido ao longo dos anos já não tinha qualquer valor, pelo que não tiveram outra alternativa senão tomar esta decisão. A medida também paralisou os grupos de guerrilha comunistas, como os Naxalitas, que eram financiados pelo branqueamento de capitais. Pouco depois da introdução da desmonetização, a polícia prendeu o proprietário de uma estação de serviço em Ranchi, quando este terá tentado depositar 2,5 mil milhões de rupias pertencentes a uma pessoa associada ao Partido Comunista da Índia (Maoísta), uma organização proibida. Segundo consta, os insurrectos terão escondido mais de 70 mil milhões de rupias só na região de Bastar. Como subproduto desta medida de desmonetização, as actividades dos insurgentes naxalitas foram perturbadas. O proprietário de uma estação de serviço que tentou depositar 2,5 mil milhões de rupias foi detido em Ranchi e, mais tarde, mais de 300 insurrectos renderam-se por falta de dinheiro. Esta medida conseguiu criar uma psicose de medo entre os criminosos e os malfeitores e um fator de bem-estar entre as pessoas comuns.

Hawala

A polícia de Bombaim informou que as lojas de hawala foram afectadas. Do mesmo modo, a polícia informou que os comerciantes de hawala em Kerala e J&K foram afectados pela desmonetização.

Caminhos-de-ferro

Até novembro de 2016, os caminhos-de-ferro indianos não ofereciam aos passageiros a possibilidade de pagar com cartão nos balcões de venda de bilhetes. Após a desmonetização, o governo anunciou que iria permitir o pagamento com cartão nos balcões dos caminhos-de-ferro do país. Em janeiro de 2017, os caminhos-de-ferro encomendaram 10 000 leitores de cartões.

Falta de liquidez

A escassez de dinheiro em numerário causada pela desmonetização provocou o caos e a maioria das pessoas que tinham notas antigas tiveram dificuldade em trocá-las, uma vez que se encontravam em filas intermináveis à porta dos bancos e das caixas multibanco em toda a Índia. Para milhões de pessoas que esperavam para depositar ou trocar notas de Rs 500 e Rs1OOO desde 9 de novembro de 2016, esta situação tornou-se uma rotina diária. As caixas automáticas ficaram sem dinheiro ao fim de algumas horas. Consequentemente, a situação de emergência multiplicou-se, uma vez que cerca de metade dos ATM do país não estavam a funcionar. Em Nova Deli, registaram-se também surtos esporádicos de violência, mas não há notícia de feridos graves. Algumas pessoas não identificadas atacaram instalações bancárias e caixas automáticos e, em Madhya Pradesh, uma mercearia foi assaltada depois de o comerciante se ter recusado a aceitar notas de 500 rupias.

No entanto, com o tempo, o caos foi-se instalando. O CMD do Punjab National Bank declarou que o pânico começou a diminuir após a desmonetização em novembro de 2016. No entanto, foi relatado em alguns locais que ainda havia longas filas à porta dos bancos e dos caixas automáticos em 18 de dezembro de 2016. Mesmo três meses após a retirada das notas, um quarto das caixas automáticas não tinha dinheiro suficiente. A escassez de numerário continuou mesmo em abril de 2017, cinco meses após a desmonetização.

Liquidez

O efeito imediato da desmonetização foi uma crise de liquidez, uma vez que 86% do dinheiro tinha sido retirado. A situação era equivalente à saída de 86% do sangue. Assim, a morte era quase certa. O dinheiro leva ao capital de exploração, mas o dinheiro foi retirado, levando a uma grande escassez do dinheiro necessário para fazer crescer a economia. Consequentemente, a procura dos consumidores foi afetada. As pessoas ficaram desconfiadas, pois mal sabiam quando o dinheiro chegaria. Não queriam desfazer-se do dinheiro que tinham nas mãos. Os pequenos comerciantes, vendedores ambulantes ou vendedores que normalmente compravam mercadorias diariamente e as vendiam na rua não dispunham de capital de exploração. Perderam-no, em primeiro lugar, devido à falta de clientes e, em segundo lugar, devido à perda de dias de trabalho passados em filas para levantar dinheiro. Os comerciantes de produtos perecíveis foram as piores vítimas.

Incómodos para o público

Os críticos atacaram a medida, afirmando que a desmonetização se tinha revelado um grande fiasco, uma vez que não tinha atingido nenhum dos objectivos para os quais tinha sido introduzida. Pelo contrário, foi um duro golpe para as pequenas indústrias, as empresas, a agricultura, os transportes, o comércio, etc. O público foi obrigado a fazer fila durante horas em frente dos ATM num ambiente difícil. Cerca de 50% das caixas automáticas do país estavam avariadas ou subutilizadas e registou-se uma grave escassez de dinheiro durante vários meses. A atual desmonetização reduziu o número de postos de trabalho. Pessoas como os trabalhadores nepaleses, que não tinham uma conta bancária ou prova de identidade, tiveram de trocar o dinheiro à comissão. As pessoas comuns tiveram de pagar um preço elevado pela desmonetização, uma vez que mais de 120 pessoas perderam a vida devido ao incómodo das filas de espera. A recusa das autoridades hospitalares em aceitar notas antigas agravou ainda mais a situação, o que provocou também algumas mortes.

Reduções

Os diaristas e os operários foram vítimas de cortes, pois tinham menos dinheiro para lhes pagar. Perderam-se vários dias de trabalho. O sector organizado sofreu um declínio na produção. As duas maiores empresas do sector automóvel, por exemplo, tinham de trabalhar apenas três dias por semana. Os trabalhadores e os fornecedores sentiram uma grave escassez de dinheiro e os retalhistas não devolveram o dinheiro. O país inteiro estava parado.

Mortes

A desmonetização também custou muitas vidas. Várias pessoas morreram por terem ficado horas em filas para trocar as suas notas antigas. As mortes foram também causadas pela falta de assistência médica, uma vez que os hospitais se recusaram a aceitar notas antigas. O número de mortos em resultado da desmonetização foi de 25 em 15 de novembro de 2016 e de 33 em 18 de novembro. No final do ano, os líderes da oposição afirmaram que mais de 100 pessoas tinham morrido em resultado da desmonetização. No entanto, o governo alegou que não havia nenhum relatório oficial sobre mortes relacionadas com a desmonetização.

Quebra da bolsa

Na sequência da desmonetização e das eleições presidenciais nos EUA, os índices da bolsa caíram para um mínimo de seis meses na semana seguinte ao anúncio. No dia seguinte ao anúncio da desmonetização, o BSE SENSEX caiu quase 1 689 pontos e o NIFTY 50 mais de 541 pontos. No final das negociações intradiárias de 15 de novembro de 2016, o índice BSE SENSEX tinha caído 565 pontos e o índice NIFTY 50 estava abaixo dos 8100 pontos intradiários.

Interrupção do tráfego

Após a desmonetização, cerca de 800.000 camionistas sofreram com a falta de dinheiro e cerca de 400.000 camiões ficaram presos nas principais auto-estradas da Índia. Formaram-se filas intermináveis em algumas das principais praças de portagem nas auto-estradas de Gujarat e Deli-Mumbai, uma vez que os operadores das praças de portagem se recusaram a aceitar as notas antigas. O Ministro dos Transportes da União Europeia suspendeu então a cobrança de portagens em todas as auto-estradas nacionais da Índia até à meia-noite de 11 de novembro, tendo depois prorrogado o prazo até 14 de novembro, depois novamente até à meia-noite de 18 de novembro e, finalmente, até 2 de dezembro.

Agricultores

Os agricultores são muito dependentes do dinheiro e não tinham dinheiro para fazer compras importantes. A procura de leitores de cartões registou um aumento acentuado. Devido à escassez de notas novas, muitos agricultores não dispunham de dinheiro suficiente para comprar sementes, fertilizantes e pesticidas necessários para a sementeira das culturas de Rabi, que normalmente tem lugar em meados de novembro. Os agricultores e os seus sindicatos tiveram de organizar manifestações de protesto em Gujarat, Amritsar e Muzaffarnagar contra a desmonetização. Protestaram igualmente contra as restrições impostas pelo Banco da Reserva da Índia aos bancos centrais cooperativos dos distritos, que receberam instruções para não aceitar ou trocar as notas desmonetizadas.

A desmonetização significou que o dinheiro deixou de estar disponível para pagar os alimentos. A consequente queda da procura levou, por sua vez, a uma descida dos preços das colheitas. Com preços tão baixos, os agricultores não podiam sequer cobrir o custo do transporte dos seus campos para o mercado. Esta situação levou os agricultores de todo o país a deitarem os seus produtos para o lixo, em desespero. Alguns agricultores chegaram mesmo a enterrar os produtos hortícolas não vendidos. Segundo consta, alguns agricultores descontentes deitaram na rua os seus produtos hortícolas, cereais, cana-de-açúcar, leite e ovos.

Diminuição da COD

Na segunda semana após a desmonetização, as vendas de cigarros em toda a Índia diminuíram 30-40%, enquanto as empresas de comércio eletrónico registaram uma queda de até 30% nas encomendas de entrega em dinheiro.

Um golpe para a pequena indústria

A desmonetização foi um duro golpe para a indústria de pequena escala, a maior parte da qual foi encerrada ou estava à beira do encerramento.

Transacções digitais

As empresas de comércio eletrónico registaram um declínio de 30% nas encomendas em dinheiro contra entrega, mas saudaram os pagamentos digitais.

Várias empresas de comércio eletrónico saudaram a decisão de desmonetização como uma vantagem, uma vez que deu um novo impulso aos pagamentos digitais. Esperava-se que tal conduzisse a uma diminuição das devoluções de dinheiro na entrega, o que poderia reduzir os seus custos.

A procura de máquinas POS (ponto de venda) ou leitores de cartões também aumentou. As opções de pagamento eletrónico, como PayTM e Instamojo Payment Gateway, PayUMoney, também registaram um aumento. De acordo com a Pine Labs, por exemplo, a procura dos seus dispositivos POS duplicou após a decisão. A empresa declarou que as transacções com cartões de débito aumentaram 108% e as transacções com cartões de crédito 60% em 9 de novembro de 2016.

No entanto, após um pico em dezembro de 2016, as transacções digitais caíram a partir de janeiro de 2017, frustrando o objetivo de aumentar as transacções de pagamento digital através da desmonetização.

Diminuição da produção industrial

Registou-se um declínio na produção industrial, uma vez que as indústrias foram afectadas pela crise de liquidez. O Índice de Gestores de Compras (PMI) desceu de 54,5 em outubro de 2016 para 46,7 em novembro de 2016, o que representa a descida mais acentuada dos últimos três anos. Um valor superior a 50 significa crescimento, um valor inferior significa contração. Isto indica um abrandamento tanto no sector da indústria transformadora como no dos serviços. O relatório do PMI confirma que a queda da inflação em novembro se deve, em grande medida, a uma maior restritividade da oferta de moeda.

O crescimento dos sectores fundamentais, como o cimento, o aço e os produtos refinados, que contribuem em 38% para o índice de produção industrial (PIP), foi de apenas 4,9% em novembro, contra 6,6% em outubro.

Pagamentos de impostos municipais e locais

Depois de o governo ter autorizado a utilização das notas desmonetizadas para o pagamento de impostos locais, incentivou as pessoas a utilizarem as notas de 500 e 1000 rupias desmonetizadas para pagarem grandes montantes de impostos pendentes e pagamentos antecipados de impostos. Em consequência, as receitas das autarquias locais dispararam. A Greater Hyderabad Municipal Corporation informou que cerca de 1,6 mil milhões de rupias (25 milhões de dólares) em pagamentos em numerário de impostos pendentes e pagamentos antecipados de impostos foram cobrados em quatro dias.

As receitas fiscais das autoridades locais aumentaram mais de 260 % e mais de 15 000 mil milhões de euros após 14 dias do anúncio da desmonetização. As receitas totais dos impostos indirectos aumentaram 14,2 % só em dezembro de 2016.

Pessoas com notas antigas

Inicialmente, o Governo tinha declarado que todos aqueles que não pudessem depositar as notas antigas até 31 de dezembro de 2016 teriam a oportunidade de o fazer até uma data posterior. No entanto, o Governo só autorizou os NRI a depositarem as notas antigas depois de 31 de dezembro de 2016. Consequentemente, muitas pessoas que tinham adquirido notas antigas de forma legítima ficaram presas a notas antigas. Entre elas contavam-se soldados que tinham sido destacados durante a campanha de desmonetização, pessoas que tinham perdido um familiar ou pessoas que tinham recebido notas antigas como prendas de casamento antes da desmonetização. Muitas pessoas encontraram pequenas quantias de dinheiro escondidas em colchas, almofadas, roupeiros, cacifos, por trás de fotografias antigas e tapeçarias de parede. Nalguns casos, membros da família tinham morrido depois de terem guardado o dinheiro, como referido acima. Num caso, dois órfãos indigentes encontraram 96.000 rupias deixadas pela mãe. Decidiram pedir ajuda ao Primeiro-Ministro. Uma mulher pobre, que não podia trocar as suas notas antigas, despiu-se desesperadamente em frente à sede do RBI. Os OCI e os

PlO não podiam trocar as notas antigas. As pessoas estavam a bater à porta dos tribunais para poderem depositar as suas notas antigas. O Supremo Tribunal da Índia solicitou igualmente ao Governo que tomasse uma posição clara sobre esta questão.

Ouro

Em Gujarat, Deli e muitas outras grandes cidades, as vendas de ouro chegaram a atingir 45 000 rupias (700 dólares americanos) em 9 de novembro de 2016, com um prémio de 20 a 30% sobre o preço em vigor de 31 900 rupias (500 dólares americanos) por 10 gramas (0,35 onças).

Este facto também veio a lume quando os funcionários do imposto sobre o rendimento fizeram uma rusga em várias sucursais do Axis Bank e descobriram que até os funcionários do banco estavam envolvidos no branqueamento de capitais, trocando notas antigas por ouro.

Donativos nos templos

Na Índia, existem regras e regulamentos que estabelecem que o dinheiro depositado em dogis ou caixas de recolha de dinheiro em templos e gurudwaras está isento de controlo pelas autoridades fiscais. No entanto, esta isenção é por vezes utilizada de forma abusiva pelos branqueadores de capitais. Após a desmonetização, registou-se um aumento das doações sob a forma de notas desvalorizadas nos templos. As autoridades do templo Sri Jalakanteswarar em Vellore encontraram dinheiro no valor de 4,4 milhões de rupias (68 000 dólares americanos) sob a forma de notas inválidas na tesouraria do templo.

Transacções bancárias múltiplas

As pessoas contornaram as restrições às transacções de câmbio efectuando múltiplas transacções em diferentes agências bancárias e enviando também empregados, associados e seguidores em grupos para trocar grandes quantidades de dinheiro proibido nos bancos. O Governo começou então a marcar os clientes com tinta indelével. Para além disso, foram tomadas outras medidas para garantir que cada pessoa só efectuasse a troca uma vez.

Reservas de comboio

As autoridades ferroviárias indianas tomaram conhecimento de que um grande número de pessoas começou a reservar bilhetes, especialmente nas classes 1A e 2A para a maior distância possível, logo após o anúncio da desmonetização para se livrarem de dinheiro não contabilizado. Até 13 de novembro, 42,7 milhões de passageiros tinham reservado bilhetes em todas as classes em todo o país. Destes, apenas 1 209 estavam na classe 1A e 16 999 na classe 2A. Trata-se de uma queda significativa em relação a 9 de novembro, quando 27 237 passageiros tinham reservado bilhetes para a classe 1A e 69 950 passageiros para a classe 2A". O Ministério dos Caminhos-de-Ferro decidiu que a anulação e o reembolso de bilhetes de valor igual ou superior a 10000 rupias não serão possíveis através de qualquer modalidade de pagamento em dinheiro. O pagamento foi autorizado através de cheque/pagamento eletrónico.

Os bilhetes de valor superior a RslOOOO só podem ser reembolsados mediante a entrega do bilhete original e a apresentação de um recibo do depósito do bilhete. Para qualquer transação em numerário superior a Rs 5O,OOO, tinha de ser apresentada uma cópia do cartão PAN. Os caminhos-de-ferro alegaram que o número de reservas de bilhetes A e 2A tinha diminuído desde que o Conselho de Administração dos Caminhos-de-Ferro impôs uma série de restrições às reservas de bilhetes A e 2A. Em novembro, foram impostas várias restrições à reserva e anulação de bilhetes.

Cálculo retroativo

Durante uma busca efectuada pela Direção de Execução em várias empresas de câmbios, os funcionários descobriram que estas empresas estavam a fazer lançamentos retroactivos. Os branqueadores de capitais utilizavam registos retroactivos e esta prática era utilizada por cooperativas de crédito, joalheiros, vendedores de iPhone e várias outras empresas

Depósitos sem PAN

No decurso da desmonetização, verificou-se que mais de mil milhões de euros (sob a forma de depósitos com um valor elevado superior a 25 milhões) tinham sido depositados sem qualquer registo do PAN.

Dinheiro negro

Em 28 de outubro de 2006, estava em circulação um total de 175,4 milhões de rupias. De acordo com o Reserve Bank of India (RBI), 86% destas eram notas com um valor facial de 5OO e 1OOO rupias. A moeda considerada para efeitos de desmonetização ascendia assim a cerca de 50 milhões de rupias. Calculou-se (de acordo com estimativas internas) que cerca de 2O% deste dinheiro era negro. Partiu-se do princípio de que este dinheiro não voltaria ao sistema para ser trocado por novas notas ou que seria devolvido como moeda preta e que sobre ele seriam pagos impostos.

De acordo com o Banco Mundial, em 2007, a economia paralela paralela representa cerca de 20-25% do PIB da Índia. As medidas introduzidas pelo Governo indiano assustaram a economia paralela paralela e, consequentemente, conduziram a um melhor cumprimento das obrigações fiscais. Estas medidas terão igualmente um impacto sobre os outros paraísos do dinheiro negro, ou seja, o sector imobiliário e o ouro. Os economistas acreditam que uma menor procura de ouro acabará por conduzir a uma diminuição das importações de ouro, melhorando assim a balança de transacções correntes. É provável que a rupia indiana permaneça estável e apresente uma tendência de valorização em relação às moedas fortes. Com a melhoria da balança corrente, as moedas indianas poderão também registar um excedente.

A mudança abrupta devido à diminuição das transacções em numerário levou a um declínio da atividade económica. O crescimento do sector dos serviços foi gravemente afetado. Esta situação conduziria a uma redução das expectativas de inflação e também a uma moderação da inflação global. No entanto, o impacto na inflação dependeria da moderação da atividade económica nos sectores em que se realizam grandes transacções em numerário. O RBI terá mais margem para baixar as taxas dos acordos de recompra se a inflação se moderar.

Médio a longo prazo

No entanto, há outros efeitos positivos que se esperam da desmonetização a médio e longo prazo. É provável que uma economia mais cumpridora aumente as receitas fiscais e que o rácio impostos/PIB melhore, tanto para os impostos directos como para os indirectos. A curto prazo, a utilização crescente de dinheiro de plástico em vez de moeda forte conduzirá também a um multiplicador monetário mais elevado, que será mais produtivo.

Procura real e oferta real

A evolução atual é suscetível de enviar sinais fortes a alguns sectores que têm uma maior componente de numerário nas suas transacções, nomeadamente o sector imobiliário, a produção cinematográfica, o financiamento de campanhas eleitorais, etc. Esta evolução poderá desencadear uma correção nestes mercados. Estas correcções serão provavelmente deflacionárias (redução dos preços) ou contraccionistas (declínio das actividades). Pode dizer-se que, após uma medida tão radical como a desmonetização, o mercado é suscetível de refletir, por enquanto, a procura e a oferta reais na economia real.

Sinal sobre a corrupção

Se a desmonetização for totalmente aplicada, enviará um sinal claro da luta da Índia contra a corrupção. Tal poderia conduzir a uma melhoria da posição pró-reforma do país. Poderá também impulsionar a inclusão financeira do governo, empurrando mais famílias para infra-estruturas bancárias e de pagamento eficientes. Num futuro próximo, poderemos assistir a um aumento dos depósitos bancários, a correcções de preços e a uma melhor capacidade de cobrança de impostos na economia. Todos estes são bons sinais para as obrigações indianas.

Sociedade e economia indianas

A desmonetização iniciada pelo governo indiano teve um grande impacto. Esta medida teve um grande impacto na sociedade e na economia indianas. Por exemplo, aquando do anúncio da desmonetização, a sociedade teve de evitar comprar bens de luxo. Verificou-se uma diminuição das despesas ostensivas em casamentos tradicionais e outras cerimónias. A sociedade tornou-se menos materialista e as pessoas tornaram-se mais frugais. Com a destruição do dinheiro falso, a economia indiana conhecerá um grande impulso num futuro próximo. Espera-se que a moeda indiana seja respeitada no mercado internacional. Esta medida constituiria um importante fator de dissuasão do financiamento do terrorismo e, por conseguinte, das actividades criminosas. A corrupção será largamente desencorajada, uma vez que as pessoas deixarão de estar inclinadas a acumular dinheiro através de meios desonestos. Esta medida poderá constituir um passo no sentido de colmatar o fosso entre os que têm e os que não têm. Inicialmente, registaram-se algumas dificuldades durante alguns meses. No entanto, esses inconvenientes eram apenas temporários e duraram apenas alguns meses. No entanto, há que ter em conta que não é de justiça natural penalizar os pobres.

para evitar a acumulação de dinheiro negro. Não existe uma varinha mágica que garanta que boas iniciativas conduzam a um resultado positivo de um dia para o outro. Mas valeu a pena tomar a desmonetização e outras medidas. O mais importante é o motivo da pessoa que tomou essa iniciativa. Há poucas dúvidas de que o objetivo é fazer da Índia um país desenvolvido, uma superpotência a ter em conta na comunidade das nações.

Lutar contra o mal

Em suma, a luta contra a corrupção, o financiamento do terrorismo, a moeda falsa e a economia paralela conduziria a um aumento da liquidez sistémica, o que resultaria numa maior procura de obrigações. As taxas de juro diminuiriam devido à redução da inflação e das expectativas de inflação, a economia estabilizaria e o INR apreciar-se-ia à medida que o défice da balança corrente melhorasse devido a uma menor procura de ouro. No cenário atual, é provável que sejam cobrados impostos mais elevados. O governo indiano poderia reduzir a sua dívida pendente e, assim, reduzir o défice orçamental. No entanto, o impacto imediato da desmonetização é suscetível de conduzir a uma diminuição das transacções em numerário, o que resultará numa diminuição da procura por parte dos consumidores e, por conseguinte, numa certa diminuição do crescimento do PIB.

O Ministério das Finanças deu instruções aos serviços de informações para se associarem às rusgas contra os negociantes de moeda, os operadores de hawala e os joalheiros e para seguirem o movimento das notas canceladas. O Gabinete do Primeiro-Ministro (PMO) e o próprio Primeiro-Ministro Modi terão coordenado as rusgas, que foram conduzidas pelo Imposto sobre o Rendimento, pela Direção de Execução (ED) e por outras agências. Até 23 de dezembro de 2016, o PMO recebeu cerca de 700 chamadas com informações sobre dinheiro negro. Em resposta, transmitiu as informações diretamente a vários organismos responsáveis pela aplicação da lei para que estes iniciassem outras acções.

As autoridades responsáveis pelo imposto sobre o rendimento efectuaram rusgas a vários empresários em Deli, Mumbai, Chandigarh, Ludhiana e outras cidades que estavam a fugir aos impostos. Estavam a negociar com dinheiro desmonetarizado. A Direção de Execução emitiu vários avisos FEMA a negociantes de moeda e ouro. Do mesmo modo, foi apreendida em várias partes da Índia uma grande quantidade de dinheiro em notas inválidas. Em Chhattisgarh, as autoridades apreenderam dinheiro no valor de 4,4 milhões de rupias (68 000 dólares americanos).

Os investigadores da Direção-Geral dos Impostos sobre o Rendimento apreenderam dinheiro fresco em vários locais do país. De acordo com os relatórios, foi apreendido dinheiro ilegal em vários locais. Por exemplo, foi apreendido em Chhattisgarh dinheiro no valor de 4,4 milhões de rupias (65 000 dólares americanos).

Em 28 de dezembro de 2016, fontes oficiais afirmaram que o Departamento do Imposto sobre o Rendimento tinha descoberto mais de 41,72 mil milhões de rupias (650 milhões de USD) de rendimentos não declarados e apreendido notas novas no valor de 1,05 mil milhões de rupias (16 milhões de USD) no âmbito das suas operações a nível nacional. A autoridade efectuou um total de 983 buscas, inquéritos e investigações ao abrigo das disposições da lei relativa ao imposto sobre os rendimentos. Os funcionários emitiram 5 027 avisos a várias empresas por evasão fiscal e transacções do tipo hawala. Os funcionários também apreenderam dinheiro e jóias no valor de mais de 5,49 mil milhões de rupias (85 milhões de dólares), incluindo dinheiro novo (principalmente notas de 2000 rupias) no valor de cerca de 1,05 mil milhões de rupias (16 milhões de dólares). A agência também remeteu um total de 477 casos para outras agências, como a CBI e a Direção de Execução (ED), para investigar outros crimes financeiros, como o branqueamento de capitais, activos desproporcionados e corrupção.

Nos quatro meses compreendidos entre 9 de novembro de 2016 e 28 de fevereiro de 2017, a CBDT afirmou ter descoberto rendimentos não declarados de mais de 93,34 mil milhões de rupias (1,4 mil milhões de dólares) através de mais de 2362 buscas, apreensões e inquéritos efectuados pelo Departamento do Imposto sobre o Rendimento.

Confisco de notas de Rs 2000

Na sequência da desmonetização, as autoridades confiscaram grandes quantidades de dinheiro sob a forma de novas notas em todo o país. Em dezembro de 2016, mais de 40 milhões de novas notas de 2000 rupias foram apreendidas a quatro pessoas em Bangalore, 330 milhões de notas de 2000 rupias foram apreendidas a um dirigente expulso do BJP em Bengala Ocidental e 15 milhões de rupias foram apreendidas em Goa. Em Tamil Nadu, foram apreendidas 900 notas de 2000 rupias a um importante político. Em Chennai, os funcionários apreenderam 100 milhões de rupias em notas novas para substituir as antigas.

A 10 de dezembro, tinham sido confiscados 2420 milhões de rupias em notas novas. Os meios de comunicação social noticiaram que as pessoas faziam fila para obter alguns milhares de rupias em dinheiro, enquanto as pessoas com os contactos certos conseguiam obter milhões de rupias em notas novas, tornando a desmonetização inútil.

O Governo anunciou que as notas apreendidas serão postas em circulação o mais rapidamente possível para resolver o problema de liquidez. Anteriormente, as autoridades mantinham todo o material apreendido, incluindo o dinheiro apreendido, nos seus cofres como prova até o caso ser decidido pelos tribunais. O dinheiro apreendido era então depositado no Fundo Consolidado da Índia. Por vezes, os processos relativos ao imposto sobre o rendimento demoravam anos a ser resolvidos e, no entanto, todo o material apreendido era guardado em cacifos seguros do Departamento das Receitas.

O governo apreendeu uma enorme quantidade de dinheiro negro em todo o país e este não foi um feito pequeno. O governo indiano declarou no Parlamento que o Estado apreendeu 1,250000 milhões de dinheiro negro nos últimos 31 meses. Deste montante, 615 000 milhões de

provêm do programa de declaração de rendimentos, que terminou em 30 de setembro de 2016. Ao abrigo da Secção 132 (4) do Imposto sobre o Rendimento, foram cobrados cerca de 213540 milhões de rupias aos cidadãos e às empresas. Ao abrigo da Secção 138 (A) do Imposto sobre o Rendimento, foram cobrados 224750 milhões de rupias aos contribuintes durante a recolha. 81860 milhões de rupias de rendimentos não declarados provinham da HBC.

Banco de Genebra após as revelações do governo francês em 2011. 50000 milhões de rupias foram recolhidas através das revelações da Associação Internacional de Denunciantes. O montante total é de 12,22,650 milhões de rupias.

Há um distrito em Bengala Ocidental chamado Malda. Suspeita-se que seja um centro de transbordo de moeda indiana falsa. Foi apreendida aqui uma grande quantidade de notas de banco falsas. Existe também um centro de transbordo de moeda indiana falsa na fronteira com o Nepal. Foi efectuada uma vigilância especial nos pontos sensíveis para controlar a utilização de moeda falsa. Os culpados foram detidos e foi enviada uma mensagem severa aos incumpridores.

Diz-se que não é importante que a justiça seja feita, mas sim que pareça que a justiça foi feita. Desde a independência, a corrupção disparou e o Governo do Congresso quase nunca levou a corrupção a sério. Mas o Governo de Modi mostrou, pelo menos, o seu empenhamento na luta contra a corrupção.

O principal objetivo da desmonetização na Índia era suprimir o dinheiro negro, que se acreditava ser uma economia paralela. O Governo indiano partiu do princípio de que os contribuintes honestos depositariam o seu dinheiro e que o dinheiro negro ficaria nas mãos dos próprios indivíduos desonestos. Alguns críticos afirmam que a desmonetização foi um fracasso total, citando o facto de mais de 90% do dinheiro negro se ter transformado em dinheiro branco quando foi depositado nos bancos. O próprio dinheiro negro foi convertido em novas notas de banco. Acredita-se que, do total de 141,8 milhões de rupias ou 14,18 biliões de rupias (210 mil milhões de dólares) de dinheiro desmonetizado em circulação até março de 2016, incluindo 15 707 milhões de notas de 500 rupias e 6 326 milhões de notas de 1000 rupias, mais de 126 milhões tinham sido depositados em vários bancos até 3 de dezembro de 2017. Este enorme depósito, segundo um sector da sociedade, está em contradição com o sucesso da desmonetização. Os críticos afirmam que as autoridades apenas confiscaram alguns milhares de euros, pelos quais mais de 100 pessoas pagaram com a vida. Na sua opinião, este preço é demasiado elevado para uma soma tão pequena. Sublinham que esta será a decisão mais devastadora tomada pelo Governo indiano e citam também os dados de que o dinheiro negro não é apenas um mal indiano. Trata-se de um fenómeno global que não pôde ser erradicado nem mesmo pelos países industrializados. Uma vez que as autoridades não usaram a inteligência, a medida acabou por ser mais uma conversão ou troca de moeda do que uma desmonetização. Tornou-se um exercício para converter dinheiro negro em dinheiro branco, por isso falemos do dinheiro negro propriamente dito. A economia não oficial é conhecida como dinheiro negro e a oficial como dinheiro branco. O dinheiro negro e o dinheiro branco também são classificados como número dois e número um: não contabilizado e contabilizado, não declarado e declarado, não registado e registado, e assim por diante. A economia é a tábua de salvação de todas as nações e o dinheiro é a sua força vital. As necessidades das pessoas aumentaram com o crescimento da civilização e da humanidade. Inicialmente, as necessidades ilimitadas das pessoas eram satisfeitas através do sistema de troca direta. Mas, com o tempo, a invenção do dinheiro contribuiu significativamente para o desenvolvimento de uma economia. Não há dúvida de que a troca de dinheiro é mais conveniente do que a troca direta, porque reduz a "dupla coincidência de desejos" e é também capaz de sustentar uma economia relativamente complexa. A troca de moeda permite a atividade comercial, a tributação e a integração nacional. Todas as actividades, como a produção, a troca, a distribuição, os serviços, etc., impulsionam uma economia chamada economia formal. A economia informal não é tributada nem controlada pelo Estado. Existe um contraste total entre a economia formal e a informal. A economia paralela prospera na presença de corrupção, dinheiro negro, dinheiro falso, má governação, etc. A desmonetização é uma das estratégias para limpar o sistema. O sistema precisa de ser revisto de tal forma que o dinheiro negro não possa ser criado em primeiro lugar. A desmonetização é uma estratégia para reformar o sistema. O departamento fiscal é um dos grandes culpados. O dinheiro negro é criado de tal forma que o dinheiro gerado em transacções legítimas é escondido do governo para evitar custos de transação (geralmente impostos) na economia legítima. Isto é normalmente feito através da utilização de dinheiro físico. Posteriormente, este dinheiro tem de ser processado para ser convertido em consumo ou investimento. A economia paralela refere-se a várias actividades, transacções, etc. Estas actividades contribuem para o processamento deste numerário físico, para a geração de rendimentos a partir deste numerário, para facilitar o consumo com este numerário, etc. O segundo princípio é composto por duas partes: Primeiro, nem todas as transacções em numerário são geralmente transacções de moeda preta. Mas se forem dissimuladas pela economia legal, são transacções de moeda preta. Isto significa que um comerciante que não emite um recibo mas declara a venda (isto é apenas hipotético) não está a criar moeda clandestina. Pelo contrário, um lojista que emite um recibo mas apresenta um livro de recibos diferente às autoridades fiscais está a criar transacções de moeda preta. Isto acontece a toda a hora. Em segundo lugar, o dinheiro negro tem de ser canalizado para a economia legal em algum momento. Isso não pode acontecer sem a utilização de moeda local. Depende da moeda com curso legal. Isto significa que, a dada altura, tem de haver uma pessoa para quem uma parte deste dinheiro negro seja um rendimento legal em dinheiro que possa utilizar para o seu próprio consumo em canais legais. Normalmente, trata-se de um trabalhador diarista ou de outro dos mais pobres entre os pobres que presta determinados serviços e cujo rendimento não é controlado pelo governo. O terceiro aspeto é que a economia informal é constantemente apoiada por partes da economia branca que permanecem na clandestinidade. Há algumas pessoas que não querem promover o dinheiro negro mas têm de contribuir para ele involuntariamente. Essas pessoas são forçadas a fazê-lo quando um construtor obriga o comprador a pagar-lhe em dinheiro ou quando um funcionário público quer receber um suborno em dinheiro, pelo que a economia indiana está mais ou menos dependente dos financiadores do dinheiro negro. Estes são os prestamistas que ganham 2% ou mais por mês com os seus investimentos. Prestam assistência financeira a actividades em sectores favoráveis ao dinheiro negro, como o cinema, a construção, o comércio a retalho, os bares de dança, as bebidas alcoólicas, o sector do entretenimento, etc. Os financiadores deste tipo também precisam de um mecanismo de execução para recuperar o seu dinheiro. É óbvio que têm uma ligação com os criminosos.

Outros criadores de dinheiro negro

Existem outros elementos importantes na cadeia do dinheiro negro ou economia paralela. Estes consistem em pequenas quantidades de dinheiro branco que são convertidas em dinheiro negro através da acumulação e da deturpação. Tomemos como exemplo as ONG. Algumas ONG existem apenas no papel. O seu modelo é muito simples. Estas organizações não governamentais recolhem montantes legítimos dos cidadãos e gastam-nos em causas como abrigos para animais, raparigas, ajuda médica aos necessitados, etc. O cerne do problema reside no facto de os custos destas ONG serem desproporcionadamente elevados. Além disso, cometem fraudes, deturpando o número de animais, o tipo de instalações, etc., criando uma fonte de dinheiro negro para os promotores que recebem um salário ou outras regalias, como carros e motoristas, das ONG. Os bancos cooperativos são outra peça do puzzle. Recebem pequenos depósitos de particulares e concedem empréstimos aos fundadores e directores. Este processo é ilegal e escapa à lei apenas porque não é regulado pelo RBI mas por políticos que são eles próprios directores dessas instituições.
As escolas, os colégios e as instituições apoiadas/reconhecidas pelo Governo, que parecem inócuas e não têm professores, alunos ou infra-estruturas, mas que se limitam a utilizar as aprovações de funcionários da educação cúmplices, criam uma cadeia em que o dinheiro legítimo se transforma em dinheiro negro. Outros institutos têm sistemas legais, mas utilizam as quotas de gestão para canalizar o dinheiro dos estudantes para os

fundadores. Alguns utilizam ambos os mecanismos. Estas instituições são fundamentalmente diferentes das PME que existem apenas para satisfazer as necessidades de um proprietário rico de dinheiro negro ou para criar dinheiro negro através dos bancos. Estas empresas são gravemente afectadas pela desmonetização e os seus fundadores são obrigados a declarar estes montantes ou a destruí-los. No entanto, o problema é que podem continuar a criar fontes de moeda preta, uma vez que o seu modelo não foi abolido.O papel dos fundos fiduciários na criação de dinheiro negro

O modelo dos fundos fiduciários é ligeiramente diferente, mas estes são tão importantes no processamento do dinheiro negro como as PME e as outras empresas acima mencionadas. Os fundos fiduciários são, de certa forma, tanto colectores como utilizadores de moeda preta. Não são criadores. Alguns permitem que os apoiantes façam pequenas mas numerosas doações, enquanto gastam montantes significativos em despesas relacionadas com os seus patronos. Outras são criadas a partir de doações anónimas de dinheiro negro com beneficiários específicos. A sua natureza torna-as uma causa cobiçada, parecendo ser intocáveis pelo governo, uma vez que as instituições religiosas estão protegidas pela Constituição. Coloca-se agora a questão: a desmonetização eliminará o dinheiro negro? Por si só, não. É apenas uma das medidas para combater o dinheiro negro. Para lutar contra o dinheiro negro, é preciso ir à raiz do problema. São necessários vários meios para atingir o objetivo. O Governo pode optar por todas estas estratégias e, mesmo assim, falhar se forem aplicadas sem convicção. A desmonetização é positiva, mas é duvidoso que esta medida possa trazer grandes quantidades de dinheiro para o sistema bancário - uma vantagem em si mesma. Uma vez que o dinheiro esteja nos canais legais, deve ser melhor utilizado para que se possam gerar receitas com a sua utilização.

Estratégias de luta contra o dinheiro ilícito
As várias abordagens para combater o dinheiro negro indiano podem ser resumidas de forma breve e concisa do seguinte modo:
1.   Identificação das pessoas (através do cartão PAN, cartão Aadhar, etc.) que trabalham no país como cidadãos ou estrangeiros.
2.   Permitir transferências directas com uma boa relação custo-eficácia (introdução de NEFT/IMPS/RTGS e outros formatos), incluindo transferências directas de subsídios para os beneficiários no âmbito do regime Aadhar.
3.   Criação de um registo eletrónico de bens (em preparação através de registos prediais electrónicos, digitalização de documentos fiscais)
4.   Reformar o sistema fiscal de modo a que o custo do cumprimento seja inferior ao custo da evasão. (através de iniciativas como os formulários Saral, a declaração eletrónica, a autodeclaração, etc.) Sistema de impostos indirectos através da simplificação (GST).
5.   Alargar a rede de divulgação através da apresentação de declarações de rendimentos. (processamento automático das declarações de rendimentos para efeitos de reembolso do imposto)
6.   Regulamentação que aumenta os custos das actividades ilícitas. (Lei sobre a Prevenção da Corrupção, etc.)
7.   Criação de uma cadeia de custódia para os fundos que entram e saem do país (por exemplo, através de notas P, IDE, lei contra o branqueamento de capitais, etc.)

8.   Criação de trilhas electrónicas para receitas e despesas.

9.   Controlo da posse de dinheiro líquido e de dinheiro físico, incluindo dinheiro indiano e estrangeiro. (FEMA, desmonetização recente)

Já passou algum tempo desde que a desmonetização teve lugar na Índia. A 8 de novembro de 2016, toda a gente na Índia ficou subitamente a saber que a maior parte do seu dinheiro não tinha valor. Entretanto, os americanos estavam a aplaudir ou a amaldiçoar a vitória de Donald Trump e os indianos olhavam para a desmonetização como uma das iniciativas governamentais mais ousadas do início do século XXI.

Quando o primeiro-ministro indiano, Modi, anunciou o cancelamento imediato de todas as notas de 500 e 1.000, num discurso surpresa transmitido pela televisão, 86% do dinheiro ainda estava em circulação. Deu aos seus 1,3 mil milhões de compatriotas um prazo de 50 dias para as depositarem em contas bancárias ou para as trocarem por notas recém-desenhadas e cunhadas. De acordo com o anúncio oficial, esta medida foi 100% secreta, a fim de apanhar os comerciantes do mercado negro desprevenidos, por assim dizer. Nem mesmo os bancos foram informados antes do anúncio oficial e os cidadãos fizeram fila à porta dos bancos.

Esta iniciativa não correu tão bem como esperado, uma vez que não havia notas novas suficientes para substituir as antigas e os caixas automáticos não estavam adaptados às novas dimensões das notas. O cidadão comum viu-se subitamente obrigado a depositar o seu dinheiro em contas bancárias para se manter economicamente à tona. Metade da população do país teve de abrir uma conta bancária pela primeira vez. Centenas de milhões de pessoas tiveram subitamente de acorrer aos bancos, joalharias, balcões de câmbio e caixas automáticos. Tiveram de ficar em longas filas durante horas para que os seus activos fossem reavaliados.

A Índia ficou rapidamente paralisada. As lojas foram encerradas. Os agricultores não puderam comprar sementes. Os motoristas de táxi e de riquexó não puderam receber o pagamento. Os empregadores deixaram de poder pagar aos seus empregados. Os hospitais recusaram pacientes que só tinham dinheiro. Os pescadores viram as suas capturas definharem e apodrecerem porque não tinham clientes com dinheiro utilizável.

Nalguns locais, os casamentos foram adiados em todo o país, etc. Foi uma espécie de revolução.

Mas a Índia demonstrou uma coragem e uma solidariedade notáveis. A Índia manteve-se firme. A Índia assumiu este incómodo extremo como parte do seu dever nacional. A maioria dos indianos saiu à rua, fez fila e fez o que tinha a fazer sem qualquer violência ou caos significativo. Os indianos, ricos e pobres, com ou sem conhecimentos técnicos, fizeram de repente filas à porta dos bancos e das caixas multibanco. Se houve algo de positivo, foi o facto de a desmonetização ter unido os indianos numa missão comum: seguir as políticas do seu governo e retomar a vida o mais rapidamente possível.

Hoje, as pessoas têm a sensação de que a situação se normalizou para os cidadãos, uma vez que o dinheiro está de volta aos caixas automáticos e a quantidade de dinheiro em circulação regressou aos níveis anteriores a 8 de novembro de 2016. A poeira assentou. Agora é mais fácil olhar para trás e ver o verdadeiro impacto da desmonetização na Índia. De acordo com o governo de Modi, um dos principais objectivos da desmonetização era eliminar do sistema o dinheiro negro e as notas falsas. A expetativa era que as pessoas envolvidas nessas actividades clandestinas não trocassem as suas notas e admitissem a sua riqueza ilícita. Assim, o governo poderia acabar com o stock de moeda do país de uma só vez, e as notas não trocadas significariam um bónus para os seus cofres.

No entanto, a expetativa não se concretizou na medida em que os mandarins esperavam. 97% das notas canceladas entraram no banco. Isto significa que muito pouco dinheiro negro ficou pelo caminho e que o bónus de 45 mil milhões de dólares estimado pelo banco central não se concretizou. O mercado negro indiano é muito dinâmico e ativo. O dinheiro raramente é mantido a longo prazo sob a forma de numerário, uma vez que os participantes no mercado preferem outras formas de armazenamento de activos, como jóias ou bens imobiliários. O dinheiro disponível é geralmente trocado através de manipulação e de truques sujos.

A desmonetização poderia ter dado um golpe devastador nos falsificadores e conseguiu também eliminar todas as notas falsas que estavam em circulação no início da iniciativa, mas infelizmente as falsificações das novas notas de 2000 e 500 rupias surgiram quase em simultâneo com a cunhagem das notas legítimas.

Os objectivos anunciados da desmonetização eram travar a economia paralela e erradicar a contrafação. Estas intenções encorajaram a população e deram um amplo apoio à iniciativa. Mas agora, segundo os opositores da medida, não foram bem sucedidos.

Outro objetivo importante da desmonetização era perturbar a economia paralela, centrada no numerário e em grande parte não tributada, ligando uma maior proporção da população à rede da economia digital.

Antes da introdução da desmonetização, os indianos efectuavam 95% de todos os pagamentos em numerário e 90% dos vendedores no país não tinham a opção de aceitar outra coisa. Para dar um exemplo: Na Índia, até a Uber aceitava pagamentos em dinheiro e a maioria dos sítios Web de comércio eletrónico oferecia a opção de pagamento contra entrega. A desmonetização foi um sucesso retumbante. Levou a que as pessoas abrissem contas bancárias pela primeira vez. Isto permitiu que as pessoas se familiarizassem com os sistemas de pagamento eletrónico. A forma como este sistema foi introduzido foi muito simples. As pessoas não tiveram grande escolha. O governo teve de parar temporariamente as rodas da economia do dinheiro líquido. Aparentemente, depois de anunciar a desmonetização, o governo simplesmente não tinha dinheiro suficiente para distribuir durante meses. Assim, a Índia foi obrigada a utilizar meios de pagamento digitais, como transferências bancárias, cartões de débito e carteiras electrónicas. O incómodo de aprender novos métodos de armazenar e gastar dinheiro e de mudar os hábitos enraizados de uma cultura não foi, de repente, nada comparado com o incómodo de não poder comprar nada.

Após a introdução da desmonetização na Índia, o partido do Primeiro-Ministro Modi obteve uma vitória eleitoral esmagadora em março de 2017. No entanto, a medida não conseguiu eliminar o dinheiro negro do mercado, dando aos críticos um obstáculo para criticar as políticas do governo. Agora, a oposição também está a jogar a carta da desmonetização na sequência dos dados divulgados pelo R.B.I. Os líderes da oposição querem pintar um quadro de fracasso, uma vez que a taxa do PIB caiu acentuadamente após a desmonetização. Estão previstas eleições legislativas em alguns Estados, nomeadamente em Gujarat. Os líderes da oposição estão empenhados em convencer os eleitores de que a desmonetização é a causa de todos os seus problemas.

No entanto, alguns analistas continuam a considerar a desmonetização um êxito. Consideram que a medida teve um impacto positivo nas declarações fiscais e promoveu igualmente as transacções de pagamento digital.

Os críticos sublinham o facto de o dinheiro desmonetizado ter voltado a entrar no sistema e atacam Modi pela sua iniciativa. No entanto, alguns analistas estão optimistas e afirmam que a estratégia de desmonetização acabará por se revelar um êxito.

Neste contexto, um conhecido perito em finanças considerou que "a desmonetização foi mais uma jogada política do que económica". E prossegue: "O drama da desmonetização permitiu ao Primeiro-Ministro Narendra Modi demonstrar o seu empenho na luta contra a corrupção e o dinheiro negro de uma forma muito visível".

O relatório anual de 2017 do Banco da Reserva da Índia (RBI) indica que notas no valor de 15,28 biliões de rupias (239 mil milhões de dólares americanos) foram canceladas ou trocadas por dinheiro novo desde que a estratégia foi implementada.

Os dados não apoiam Modi e as suas importantes políticas. Em 2016, Modi anunciou no ecrã da televisão a medida radical de desmonetização das notas de banco para eliminar o dinheiro negro. Suspeitava-se que milhares de milhões de dólares em numerário se encontravam em activos não contabilizados e em notas falsas. O governo introduziu então uma nova nota de 500 rupias e uma nota bancária com uma denominação mais elevada de 2 000 rupias para travar a ameaça.

Os críticos estão a atacar Modi, acusando-o de arruinar a economia e de manchar a imagem económica do país, tanto a nível interno como a nível mundial. Os dados relativos ao produto interno bruto (PIB) do primeiro trimestre revelaram um mínimo de três anos de 5,7%, contra 7,9% um ano antes. O RBI teve de gastar 79,65 mil milhões de rupias para imprimir rapidamente as notas de 500 rupias (7 dólares) e de 1.000 rupias, uma vez que foram proibidas de uma só vez em 8 de novembro de 2016. Os críticos acusam Modi de prejudicar os interesses das pequenas empresas que dependem de dinheiro e dos cidadãos mais pobres, que Modi declarou querer ajudar. Antes disso, não era claro se a desmonetização tinha sido bem sucedida ou não, pelo que os seus motivos políticos foram suficientes para o impulsionar a favor de uma grande parte do eleitorado mais pobre nas eleições. Nas eleições de março de 2017, em Uttar Pradesh, conseguiu reunir um apoio esmagador.

Este Estado era muito importante para o destino dos líderes políticos no Centro, uma vez que tem o maior número de lugares no Parlamento indiano. O sector mais pobre da sociedade estava convencido de que Modi estava, pelo menos, a tentar travar uma guerra contra os poderosos em seu nome e esta perceção pública valeu a pena para Modi. Um analista chegou mesmo a dizer: ".... Mesmo que a desmonetização não tenha retirado o dinheiro negro de circulação, Modi e o governo tentaram pelo menos fazer algo a esse respeito".

Os analistas acreditam que os benefícios económicos para o país só se materializarão com o tempo. Um analista de renome comentou: "Se a desmonetização for complementada por esforços para melhorar o cumprimento das obrigações fiscais, é possível obter algum êxito e aumentar as receitas públicas. No entanto, admitiu: "A campanha de desmonetização contribuiu claramente para o abrandamento da economia, o que se reflecte nos fracos valores do PIB em abril e junho. Em retrospetiva, isto pode ser visto como um fracasso do ponto de vista económico".

Na sequência da desmonetização e em conformidade com a estratégia "Índia Digital" de Modi, que visa expandir a infraestrutura em linha da Índia, o país está agora equipado com imensas quantidades de dados. O governo tornou obrigatório o registo na sua base de dados eletrónica nacional "Aadhar" para a declaração de impostos, a abertura de contas bancárias e as compras superiores a 50 000 rupias. Estima-se que mais de 99% dos indianos com 18 anos ou mais estejam atualmente registados neste sistema.

Isto significa que o governo pode legitimamente esperar que a tributação do dinheiro negro anteriormente escondido tenha um impacto nos próximos meses e anos.

O Ministério das Finanças da Índia afirma que 1,8 milhões de contas bancárias estão a ser analisadas, uma vez que as entradas de dinheiro nessas contas durante o período de desmonetização "não correspondiam ao perfil fiscal", o que significa que são de esperar alguns atrasos no pagamento de impostos.

Um analista bem conhecido explicou os benefícios da desmonetização da seguinte forma: "... também os benefícios a longo prazo da desmonetização em termos de pagamentos mais elevados de impostos sobre o rendimento no futuro e de incentivo à utilização de pagamentos digitais em vez de dinheiro, um meio de promover um melhor cumprimento das obrigações fiscais por parte das empresas".

No entanto, não é claro se outros países que lutam para travar a corrupção e o dinheiro negro devem seguir o exemplo. Os analistas estão conscientes do facto de que não é tão fácil ultrapassar as dificuldades económicas iniciais como a Índia o fez. Por isso, dizem que os governos estrangeiros podem não repetir a experiência indiana, dadas as consequências económicas. Normalmente, outros governos recorreram à desmonetização quando confrontados com dificuldades extremas, como a hiperinflação, as convulsões políticas e as guerras.

O relatório anual de 2016-17 divulgado pelo Banco da Reserva da Índia revela que 98,8% das notas de banco retiradas do mercado regressaram ao sistema bancário indiano. Esta revelação veio pôr seriamente em causa a desmonetização, uma vez que o governo esperava que uma grande parte das notas de banco não regressasse ao sistema bancário.

Estes dados eram aguardados com grande expetativa, uma vez que o número exato de notas proibidas provaria a eficácia da ação de desmantelamento. Mas o RBI demorou muito tempo a divulgar os dados oficiais. Nas primeiras semanas da desmonetização, o Banco da Reserva da Índia continuou a publicar dados sobre a devolução de notas proibidas, mas depois a prática foi interrompida a meio do caminho sem qualquer explicação plausível. Ainda em julho de 2017, o RBI tinha declarado que não podia fornecer a quantidade exacta de notas proibidas que tinha recebido, uma vez que o processo de contagem ainda estava em curso. Os números oficiais não foram publicados, embora muitos críticos suspeitassem que a devolução das notas proibidas seria superior a 95 por cento.

As estatísticas do RBI mostram que os detentores de moeda preta manipularam o sistema convertendo o seu dinheiro ilegal em moeda legal. Entre outras coisas, colocaram notas de moeda ilícita nas contas bancárias de titulares de contas pobres e de baixo rendimento. Em 2014, foi aberto um grande número de contas no valor de milhões de euros no âmbito de um programa maciço de inclusão financeira, o Jan Dhan Yojana. Tanto nas zonas urbanas como nas rurais, as contas bancárias do Jan Dhan Yojana registaram um aumento dos depósitos na fase pós-desmonetização. É certo que este não é o quadro completo da história, uma vez que as empresas que acumulam dinheiro negro também recorreram a outros métodos duvidosos para trocar e utilizar notas proibidas.

Os críticos também assinalam que Bibek Debroy, membro do Niti Aayog, afirmou que estavam em circulação notas falsas no valor de 20 000 milhões de rupias para justificar a desmonetização. Na prática, porém, o governo não conseguiu estabelecer que uma grande quantidade de notas falsas tenha estado em circulação no país desde a desmonetização. De acordo com o relatório anual do RBI, o valor facial das notas falsas da Índia (FICN) com um valor facial de 500 e 1000 rupias foi estimado em cerca de 410 milhões de rupias em 2016-17. Uma das opções teria sido travar a circulação de moeda falsa, imprimindo novas notas com características de alta segurança para que o dinheiro verdadeiro não pudesse ser falsificado. Até à data, não há provas conclusivas de que a desmonetização tenha reduzido diretamente o número de ataques terroristas.

Em termos da utilização de transacções digitais e da evolução para uma economia "sem numerário", o número de transacções digitais (através do Paytm, MobiKwik e outros métodos de pagamento eletrónico) aumentou significativamente na sequência da desmonetização, mas tem havido uma tendência descendente nestas transacções desde março de 2017, quando a oferta de numerário normalizou. Uma análise mais aprofundada das transacções digitais mostra que estas aumentaram nas zonas urbanas, uma vez que as pessoas têm acesso fácil a caixas automáticos, serviços bancários pela Internet e carteiras móveis. A população rural continua a depender mais do numerário, do digital e de outros tipos de transacções sem numerário. Devido à falta de eletricidade, de Internet e de outras infra-estruturas, o acesso a estas zonas rurais só é possível com grandes custos. Prevê-se que o comportamento de pagamento se altere gradualmente em todo o país. O governo deve adotar uma política de longo prazo para criar um ambiente favorável à promoção das transacções digitais e de uma economia sem numerário no futuro. Não é justo tratar todas as transacções em numerário como parte do dinheiro negro, uma vez que milhões de famílias pobres e pequenas empresas têm de utilizar diariamente numerário para transacções legítimas.
O Governo alega que o número de contribuintes do imposto sobre o rendimento aumentará significativamente, uma vez que a desmonetização trouxe muitas pessoas para a rede fiscal. O alargamento da base tributária conduziria assim a uma melhoria do rácio impostos/PIB da Índia. Os dados disponíveis até agora sobre os impostos directos dificilmente sugerem uma melhoria dramática da base tributária após a desmonetização. Poderemos ter de esperar até 2018 para saber se a desmonetização conduziu a um alargamento da base tributável e das receitas fiscais.
Os críticos salientam que o aumento das receitas do imposto sobre o rendimento em 2016-17 se deveu, em grande medida, ao Regime de Declaração de Rendimentos (2016), que entrou em vigor em 1 de junho de 2016. Este regime permitiu que as pessoas singulares que não pagaram impostos na íntegra no passado declarassem os seus rendimentos não declarados e pagassem impostos. O Governo prevê uma receita fiscal de 300 mil milhões de rupias ao abrigo deste regime pontual.

O Ministério das Finanças afirma também estar a investigar um grande número de depósitos em numerário suspeitos comunicados pelo sistema bancário. Utilizando ferramentas avançadas de análise de dados, o Departamento do Imposto sobre o Rendimento identificou 556 000 pessoas cujos perfis fiscais não correspondem ao dinheiro que depositaram durante o período de desmonetização. Tendo em conta os recursos humanos limitados da Direção-Geral dos Impostos sobre o Rendimento, a investigação de um número tão elevado de novos casos não será uma tarefa fácil.

A forma como as autoridades fiscais indianas têm lidado com os recentes casos de evasão fiscal também não inspira propriamente confiança. Por exemplo, a fuga de informação dos Panama Papers foi publicada no ano passado. Mas as autoridades fiscais indianas ainda não apanharam nenhum "peixe graúdo" mencionado nos Panama Papers. Há mais de 500 indianos cujos nomes aparecem nos Panama Papers, mas as autoridades fiscais fizeram progressos insignificantes neste domínio.

Os críticos questionam se alguns dos benefícios a longo prazo, como a investigação de transacções suspeitas e o alargamento da base tributária, teriam sido possíveis sem a desmonetização. Consideram que não foi correto perturbar a atividade económica e causar grandes dificuldades ao homem comum. As autoridades responsáveis pelo imposto sobre o rendimento e outras agências têm o mandato necessário para atingir estes objectivos.

As consequências da desmonetização do ponto de vista dos críticos:

- A Índia não foi capaz de manter a sua elevada taxa de crescimento do PIB e, por conseguinte, caiu para um mínimo de três anos de 5,7% no primeiro trimestre (abril-junho) do exercício de 2017-18. A perturbação causada pela desmonetização, juntamente com outros factores, como a desarmazenagem devido ao imposto sobre bens e serviços (GST), foi a principal razão para o abrandamento.
- No segundo semestre de 2016/17, o crescimento do crédito atingiu um mínimo histórico de 5,1%. Os empréstimos bancários, em particular às zonas rurais, foram duramente afectados, uma vez que o crescimento dos empréstimos rurais caiu para 2,5%

- A desmonetização teve um impacto negativo no enorme sector informal da Índia, que emprega mais de 90 por cento da mão de obra do país. Os trabalhadores diaristas, os vendedores ambulantes e os trabalhadores do sector informal, que dependem exclusivamente do dinheiro para os seus rendimentos e despesas, foram duramente atingidos pela crise do dinheiro. Vários relatórios apontam para o facto de a desmonetização ter conduzido a perdas maciças de postos de trabalho em sectores de mão de obra intensiva.
- A confiança dos consumidores também caiu durante a desmonetização. Apesar da desmonetização, a esperada retoma das despesas de consumo não se concretizou.
- No âmbito da remonetrização das notas, o banco central teve de gastar muito dinheiro na impressão de novas notas. A despesa totalizou 79 650 milhões de rupias, ou seja, 133% mais elevada do que no ano anterior. Este facto levou também a uma diminuição do excedente do RBI a pagar ao governo central, que passou de 658 760 milhões de rupias em 2015-16 para 306 590 milhões de rupias em 2016-17.
- O mau planeamento e execução da desmonetização levou a longas filas à porta das agências bancárias, com as pessoas a esperarem durante horas para depositar e trocar as notas desmonetizadas.

Os críticos estão a clamar por uma explicação do governo sobre vários aspectos. Mas agora o governo tem de fazer um exame de consciência e descobrir se foi ou não capaz de atingir os seus objectivos declarados. Em caso afirmativo, em que medida atingiu os seus objectivos e, em caso negativo, em que medida. O governo deveria então rever a sua estratégia à luz dos seus êxitos e insuficiências, com um espírito aberto. No entanto, é reconfortante constatar que o governo teve a mais nobre das nobres intenções aos olhos do homem comum, mas a realidade também deveria corresponder à boa intenção. O Governo merece crédito pela sua coragem de convicção, mas o público não deve ser tomado por parvo. O cidadão comum já está a braços com muitos problemas e a sua paciência está esgotada. O governo não tem uma solução rápida, mas tem o dever de salvaguardar os interesses do homem comum. Os poderosos podem, de alguma forma, cuidar de si próprios, mas os desprotegidos precisam do patrocínio do governo. Foi o homem comum que rezou silenciosamente pelo sucesso da desmonetização. Os ricos estavam ocupados a depositar o seu dinheiro ilícito nas contas de outros ou a explorar a possibilidade de, de alguma forma, converterem o seu dinheiro ilícito em dinheiro branco. O governo queria melhorar o seu futuro e fazer da Índia um país desenvolvido. Espera-se que as iniciativas do governo produzam o resultado desejado.

Bibliografia

1. http://www.thehindubusinessline.com/multimedia/archive/03126/EconomicSurvey 201 31260 OOa.pdf (Curva económica 2016-17)
2. https://www.researchgate.net/publication/312128645 DEMONETISATION - UM ESTUDO COMPARATIVO COM REFERÊNCIA ESPECIAL À ÍNDIA (" DEMONETIZAÇÃO - UM ESTUDO COMPARATIVO " COM REFERÊNCIA ESPECIAL À ÍNDIA- Artigo - janeiro de 2017 com 10.709 Leituras, 1º Svamsundar Palanis...1.58 - Sri Krishna College)
3. http://www.iosriournals.org/iosr-ihss/papers/Conf.DAGCBEDE/Volume-1/14.%2050-54.pdf (Impacto da desmonetização na economia indiana) E. Kamatchi Muthulakshmi1, Dr. G. Kalaimani2)
4. https://arxiv.org/abs/1702.01686 (Demonetisation and its impact on employment in India, Dr. Pawan Kumar*)
5. https://en.wikipedia.org/wiki/2016 Desmonetização das notas de banco indianas
6. http://www.iistm.com/images/short pdf/1482138511 210iistm.pdf (IMPACTO DA DEMONETIZAÇÃO NA ECONOMIA INDIANA Dr. Partap Singh1, Virender Singh)
7. http://www.thehindu.com/news/national/Demonetisation-of-Rs.-500-and-Rs.-1000-notes-RBI-explains/article16440296.ece (NATIONAL Demonetisation of Rs. 500 and Rs. 1000 notes: RBI explains)
8. https://www.mca.co.in/knowledge-centre/demonetisation-mca (relatório especial do MCA sobre a desmonetização)
9. http://moderndiplomacv.eu/index.php?option=com k2&view=item&id=2253:demonetization- and-its-impact-on-indian-economy (A desmonetização e o seu impacto na economia indiana POR JAYANTI KUMARI 15 de fevereiro de 2017)
10. https://www.studvdhaba.com/demonetization-essav-pdf/ (Demonetisation Essav Pdf - Essav onDemonetisation pdf India -2000Words)
11. https://invescomutualfund.com/docs/default-source/Insights-PDF/demonetization- docx.pdf?sfvrsn=0 ("Demonetisation" e seus efeitos)
12. https://sims.edu/wp-content/uploads/2016/12/document2.pdf (DESMONETIZAÇÃO DAS NOTAS DE MAIOR VALOR MONETÁRIO NA ÍNDIA)
13. http://www.thehindubusinessline.com/multimedia/archive/03126/EconomicSurvev 201 31260 00a.pdf (Demonetização: idolatrar ou demonizar?)
14. http://www.careratings.com/upload/NewsFiles/SplAnalvsis/Effects%20of%20Demonetization%20of%20500%20and%201000%20notes.pdf (Consequências económicas da desmonetização das notas de 500 e 1000 rupias)
15. https://www.hdfcbank.com/assets/pdf/Event Update Demonetization and its impact.pdf (HDFC Bank Investment Advisorv Group Demonetization and its impact Event Update November 11, 2016)
16. http://www.internationaliournalssrg.org/IJEMS/2017/Volume4-Issue2/IJEMS-V4I2P103.pdf (Demonetisation and its effects in India Lokesh Uke)
17. http://www.iisrp.org/research-paper-0317.php?rp=P636264 (Impact of demonetisation on rural India, Avash Yousuf Shah)
18. https://rbidocs.rbi.org.in/rdocs/Publications/PDFs/MID10031760E85BDAFEFD497193995BBIB6 DBE602.PDF (Impacto macroeconómico da desmonetização - uma avaliação preliminar Banco Central da Índia, 10 de março de 2017)
19. http://www.ijstm.com/images/short pdf/1484812173 K1033ijstm.pdf (Impacto da desmonetização na economia indiana CMAJai Bansal)
20. https://papers.ssrn.com/sol3/papers.cfm7abstract id=2869172&rec=1&srcabs=1964782&alg=1 &pos=9 (BLACKMONEY AND DEMONETISATION BY RAHUL DEODHAR)
21. https://yourstory.com/2016/11/demonetisation-impact-common-man/ (O impacto da desmonetização no homem comum, SUMIT AGRAWAL 15 DE NOVEMBRO DE 2016)
22. http://www.ijeter.everscience.org/Manuscripts/Volume-5/Issue-2/Vol-5-issue-2-M-07.pdf (The Benefits and Challenges of Demonetisation in India Preety Research Scholar, SIMC, Swami Vivekanand Subharti University, Meerut, Uttar Pradesh, Índia).
23. http://www.nipfp.org.in/media/medialibrary/2016/11/WP 2016 182.pdf (Desmonetização: Impacto na economia n.º 182 14-Nov-2016 Equipa de investigação fiscal)

Índice

I want morebooks!

Buy your books fast and straightforward online - at one of world's fastest growing online book stores! Environmentally sound due to Print-on-Demand technologies.

Buy your books online at
www.morebooks.shop

Compre os seus livros mais rápido e diretamente na internet, em uma das livrarias on-line com o maior crescimento no mundo! Produção que protege o meio ambiente através das tecnologias de impressão sob demanda.

Compre os seus livros on-line em
www.morebooks.shop

Printed by Books on Demand GmbH, Norderstedt / Germany